Guru 与 大 师 同 行

献给我四个可爱的孩子——

克里斯蒂娜、迈克尔、大卫，还有凯瑟琳——

我学习和运用这些理念的主要缘由。

祝你们每个人在今后的岁月里，在自己的道路上致富。

财商心理学

[美]博恩·崔西
Brian Tracy
著

漆仰平
译

GETTING
RICH
YOUR OWN WAY

浙江人民出版社

图书在版编目（CIP）数据

财商心理学 /（美）博恩·崔西著；漆仰平译. — 杭州：浙江人民出版社，2023.5

ISBN 978-7-213-10570-8

Ⅰ. ①财… Ⅱ. ①博… ②漆… Ⅲ. ①财务管理-心理学-通俗读物 Ⅳ. ①F233

中国版本图书馆CIP数据核字（2022）第064346号

浙江省版权局
著作权合同登记章
图字：11-2018-387

财商心理学

Caishang Xinlixue

[美]博恩·崔西 著 漆仰平 译

出版发行：浙江人民出版社（杭州市体育场路347号 邮编 310006）

市场部电话：(0571)85061682 85176516

责任编辑 尚 婧

责任校对 姚建国

责任印务 幸天骄

封面设计 济南新艺书文化

电脑制版 杭州兴邦电子印务有限公司

印　　刷 杭州丰源印刷有限公司

开　　本：710毫米×1000毫米 1/16　　印　张：20

字　　数：245千字　　　　　　　　　　插　页：2

版　　次：2023年5月第1版　　　　　　印　次：2023年5月第1次印刷

书　　号：ISBN 978-7-213-10570-8

定　　价：88.00元

如发现印装质量问题,影响阅读,请与市场部联系调换。

前 言

"你正在找寻的黄金机会就是你自己。

它不在于你的环境；它不在于幸运或偶然，亦不在于别人的帮助；它只在于独自一人的你。"

——奥森·斯韦特·马登（Orison Swett Marden）

迁入美国的移民曾经认为这里的街道布满黄金。他们相信声誉和财富是每个人都有可能拥有的东西。最终，经验告诉大家这未必是实情。唯一确凿的事实是，财富流向那些知道如何寻找它的人。博恩·崔西就是一个知道去哪里寻找财富的人。通过运用了在书里与你分享的原则，博恩·崔西从一名苦苦打拼的销售员摇身变成了千万富翁，做到这些，他只用了不到10年的时间。

博恩已经帮助上百家企业和数以千计的人们获得了远远超越他们想象的财务成功。他不断游历世界，进行销售、管理、企业领导、商业发展和个人成功方面的演讲。他是自己的人力资源公司的董事长，也是300多套畅销学习节目音频、视频的作者/讲述人。他著作有40多本，已被译成20多种语言。在《财商心理学》中，博恩·崔西会告诉你，无论你是谁，你应从何处起步，如何能在未来几年内走向富有。

你将发现白手起家的富豪的五大来源，以及为了获得成功，你需要置入自己思维的18项原则、观点和概念。你将学到开创成功事业的五大法则。你将学会如何得到你需要的资金，以及投资成功的10项规则。你将学到经过反复验证的真实可靠的方法，它们已经让许多人在一代之内从贫穷跨向了富足。通过阅读博恩·崔西和更多人的实战经验，你也将知道如何踏上自己的致富道路，这条路正是为你，以及你的特殊才智量身铺设的。你会发现，没有真正的极限。

——维克多·里斯林（Victor Risling）

Getting Rich Your Own Way 目　录

4 为成功而投资　　/ 069

5 白手起家　/ 101

Getting Rich Your Own Way

1 引 言

"你是认真的吗？握住当下这一刻——

无论你能做什么，或是你能梦想到什么，

着手开始。勇敢的心具备天赋、力量和魔力。

只要行动，思维随后就会升温——

开始干吧，成就终会实现！"

——歌德《浮士德》序幕

成功与失败的区别

成功者与失败者之间最大的区别其实很简单：成功者在每个领域都是行动导向型，而失败者却总是谈论导向型。取得巨大成功的，是那些"想做就做"的人，而那些收获甚微的人把自己的生命虚度在希望、幻想、梦想和借口之中。打开这本书，你就要走入少数人构成的"想做就做"的队伍中，而不是多数人组成的继续等待事情发生在他们头上的大众里。

这本书的写作富于美国风味，运用了美国的实例和数据，但它所教授的原则具有普遍性。在其他任何实行市场经济的国家里，它们都可以在某些修改的基础上得以应用。在美国，创业的氛围比较浓厚，所以，我们从这里开始。

白手起家

在我的成长阶段，我的家境相当贫寒。我父亲不是正式工，我母亲那份护士的工作经常就是养育我们四兄弟的唯一经济来源。我们是吃通心粉和奶酪，穿慈善机构或救世军的衣服长大的。从10岁那年，我开始自己挣钱，为邻居家整理花园和做杂务，去支付我的账单。

当我15岁时，我开始探索所谓的财务成功的奥秘。像许多年轻人一样，我的目标是在自己 30 岁的时候成为百万富翁。然而，当我年届三十，尽管时常能有点儿小起色，可还是和 20 岁时一样身无分文。我连高中都没毕业，除了能做销售以外，根本一无所长。

大概就是从那时起，我开始认真思考自己的境遇，思考在过去 10 年里自己是怎样无所作为的。我的很多朋友已经过得相当不错，结婚生子、居家舒适、财源滚滚。可我还不知去哪里发掘自己的财富。

我的担忧驱使自己有生以来第一次真的严肃对待起金钱了。在尝试了许多致富的捷径后，我终于安下心来，为致富制订出一份很现实的计划。这份计划起了作用。在接下来的七年里，我经历了不计其数的挫折和暂时的失败，尝到了许多苦涩的教训，但终以净资产超过百万美元而小有成就。如此这般，我能做的，你也行。

你能行

我写这本书的目标是让你相信，无论你今天的财务生活状况如何，你也能在自己的职业生涯中致富。只要你着手够迅速，工作够努力，做了我推荐的事情，你甚至可以成为一名百万富翁、千万富翁。感激上天，这些方法、技术和战略已经在我和其他无数人身上见了成效。倘若你愿意花些时间学习如何获得它们，那就没有理由实现不了你的财富梦。

在 1900 年，美国大概有 5000 名百万富翁，那时的 100 万美元比现在值钱多了。1980 年，当我开始对这个项目进行研究时，百万富翁的数量大约是 150 万人。到了 2000 年，有 700 多万美国人的净资产已经超过 100 万美元。除此之外，还有 300 位亿万富翁。可以预见，在接下来的日子内，这些数字还会持续翻倍。

这些百万富翁或者亿万富翁多是第一代。他们自力更生，白手起家。他们所挣的每一分钱，都是利用他们的才智和自己发现或创造机会的能力得到的。据估算，在美国，每四分钟就会出现一位百万富翁。你的目标应该是成为他们中的一员。

这些自力更生的富人做到的事情你也能做到。要相信，没人比你更出色，没人比你更聪明。几年来，我有机会见到过无数百万富翁，还有几位亿万富翁。他们大都普通至极，但他们无一不是诚实、勤奋的先生、女士，他们敢于冒险，他们成为自己所选领域的专家，当事情碰壁时他们拒绝退缩。总是这样的。

富与穷的区别

富人与你我没有太大迥异之处。他们只是更多地利用了上帝赋予他们的才能，行为方式与大众不同。令人惊讶的发现是，**如果你一遍又一遍地做了成功者、富人所做的事情，那你最终也会得到相同的成果**。财务成功并不是奇迹，亦非基于好运。它完全是因果法则起到的作用。倘若你种下了因，你就将得到结果。

无论你现在身在何处，即便是债务缠身，也能在这本书里学到如何上路，实现财务自由。与数以千计成为富豪的人一道工作的经历让我坚信，那些真心希望在自己的职业生涯中创造出财富的人，如果不断做正确的事情，就一定能取得自己向往的结果。

令人语塞的经历

几年前，我有过一次真正令人目瞪口呆的经历。我正向大概 1200 名听众做着有关成功主题的演讲。我告诉大家，我相信任何人只要以某种方式去做某些事情，就一定能成功。休息间隙，大约 30 位穿着考究的先生女士围住我，他们向我提问，并分享了他们的故事。就在那时，一个坐在听众席、看起来智力有些缺陷的年轻人冲出重围，用非常大的声音说："崔西先生，崔西先生，我也能成功吗？"

我大吃一惊。当时所有人都在看着我，想听我将如何回答这个人的问题。我站在那儿看着他。我不太清楚该告诉他些什么。我的思维在狂奔。我的信誉，我的广告语——"任何人都可以是成功的"，正在面临考验。万幸，他继续开口了。他说："崔西先生，我住在一个大家庭里。崔西先生，我们修理家具。我每个月都买 100 美元的储蓄债券。如果我坚持做下去，我也会成功吗？"

复利的奇迹

碰巧，那段时间我正在读一本书，是关于人们要存多少钱才能取得财务自由的。我知道，一个人从 21 岁到 65 岁，每月攒下 100 美元，以平均生息 10％ 计算，在退休的时候就可以得到超过 100 万美元的净资产了。我突然意识到，那个住在大家庭、修理家具的年轻人，尽管没有优势或机会，却真的能够成为有钱人。如果他只是坚持每月攒下 100 美元，就可以在退休的时候比 95％ 的人都富有。

他的结局可能好过医生、牙医、律师、建筑师、工程师、销售员、小企业主、公司的执行官，还有娱乐圈里的人。他需要做的全部事情就是，每月攒下100美元，然后就能在退休时达到财务上的解放。如果他能约束自己每月省钱，复利的效力会包下其余的事情。任何人都能做到。

你可以学习自己需要学的

挣钱是一项基本技能，它需要用知识和实践去掌握。全球有无数人学会了如何在几年内挣到钱，显然，它是一项可以学会的本领。事实上，如果你能开车、打电话、使用计算机或完成日常生活中许多标准型的任务，那你肯定就拥有挣到你想要的财富所需的全部智力和才干。

在接下来的篇幅里，我将向你展示如何用各种各样的方法获得财富，甚至是致富。此后就取决于你了，去行动，坚持行动，直到你得到了自己向往的成就。除了你在想象中为自己设定之外，没有真正的极限。

"把你想要的事情看作已经是你的……把它们想成是你的，就像已然为你拥有。"

——罗伯特·科利尔（Robert Collier）

Getting Rich

2

Your Own Way

学习如何变得富有

"当你的欲望足够强大时，

你就会拥有超人的力量去达到目的。"

——拿破仑·希尔（Napoleon Hill）

如果能力中等的人都可以致富，那为什么成为富豪的人是如此凤毛麟角？即使在富裕的国度，多数人在工作生涯中挣到了大笔的钱，那又为什么大量民众却在退休的时候还要依靠社会保险、养老金或亲戚去度过余生呢？

如果一个人每年挣 2.5 万美金，每年只存下收入的 10%，即 2500 美金，然后将其进行谨慎的投资，在工作生涯中挣到 10% 的复利——从 21 岁到 65 岁（44 年）——复利带来的奇迹就是，那笔积蓄将增长到 179.4762 万美元。

如果一个智力迟钝、在这个世上毫无优势可言的年轻人都可以变得富有，一个人一年挣 2.5 万美元，一直省下收入的 10%，就可以成为百万富翁，那么几乎任何足够渴望富有的人都能致富。

人们为什么没有变得富有

我在前面提出了一个问题："人们没有成为富人，这究竟是为什么？"在美国，凭着我们拥有的机会，为什么只有为数甚少的人退休时能够实现财务自由呢？我最终找到了答案。下面是我认为人们没有成为富人的五个主要原因。

谁，我?

首先，名单的第一位是，他们认为这种事从不会发生在自己头上。普通人成长在一个从未见过或认识富豪的家庭里。他走进学堂，结交的都是不那么富有的人。他与不富有的人一道工作。他在工作之外有几个不存在富人的社交团体或社会圈子。没有哪位富人给他做榜样。直到20岁，没有出现像其他人那样的致富机会，他也能在我们的社会里成长并蜕变成完全成熟的人。

这就是为什么成长于富足家庭里的孩子，成年后比那些出身一般的孩子更可能富有。财富成就是富裕家庭孩子的世界观的一部分。

因此，人们没有变得富有的重要原因是，他们从来没想过这对他们来说是可能的。当然，如果他们从来没有设想过，那他们就永远不会采取任何必要的行动，把财富变为现实。

做一个决定!

人们没有变得富有的另一个原因是，他们从来不决定去做。一个人即使读过一本书，参加了一场研讨会，或者结交了财务成功的人，在他决定要去做些不同的事情之前，什么改变都不会发生。假如一个人以某种具体的方式做出某事他就能富有，但若他没有决心迈出第一步，那就只能结束在说说而已的阶段。**如果他继续做自己已经做过的事情，他将继续得到自己已经得到的。**

未能发挥潜力或止于失败的主要原因是，绝大多数人没有决心要去成功。他们从未做出一个斩钉截铁的承诺或立场坚定的决策，来证明自己想要成功。他们想要，他们意图，他们希望，他们打算，他们祈祷自己将挣到大把钞票，但他们从没决定"我要去做"，这个决定是达到财务自由基础性的第一步。

或许明天

拖延能将人阻于财富之外。人们明知应该为了实现财务自由而必须做的事情，却总有一个看似合理的理由不去开始。总是错误的年月、错误的季节：他们那个行业的企业状况不佳，或是本可以很好；市场不合适；他们可能要经历风险，或放弃他们的安稳生活。也许明年吧。

这些总像是拖延的正当理由。于是，他们一直拖下去，月复一月，年复一年，直到花谢花飞。即使有个机会能致富，他做了一个要去改变的决定，推延却把他置于无尽的未来。**推延是时光之贼、生命之贼。**

付出代价

经济学家指出，不具备延迟满足的能力是人们于贫穷中退休的另一个原因。绝大多数人都有不可抑制的冲动，要花掉他们挣的每一分钱或是他们能借到、贷到的所有钱。如果你不能延迟满足，不能控制住自己花掉挣到的所有钱，那么你就不可能致富。如果你不能养成终生节俭的习惯，对你来说，实现财务自由就是不可能的事情。正如世界上最富有的人之一，美国联合保险公司（Combined Insurance Company of America）的创始人W.克莱门特·斯通（W. Clement Stone）所言："倘若你不能省钱，伟大的种子就不会是你的。"

眼光放远

人们于贫穷中退休的最后一个原因，即使不比其他更重要，可能也和它们同等重要，那就是，缺乏时间观。哈佛大学的爱德华·班菲尔德（Edward Banfield）教授从 20 世纪 50 年代进行纵向研究，1964 年发表了《不像天堂的城市》（*The Unheavenly City*），分析美国社会经济向上迁移率的成因。他想知道如何预测出一个人或一个家庭是否会在一个或多个社会经济群体中上升并在下一代中比这一代更富有。

班菲尔德把他的发现与美国和其他国家对于经济成功最普遍的解释做了研究和比较。是教育吗？不是。很多受过良好教育的人实际上都走下坡路。是智力吗？不是。很多非常聪明的人都很穷，没有能力养活自己。是出生在一个良好的家庭吗？不是。很多出身富足的人，都在成年后贫困潦倒，而很多出身贫寒的人却变得格外成功。是居住在好的地区？是工作在好的行业？是运气好？什么因素最能预测一个人能在若干年后向上进发？

1. 走向未来的项目

班菲尔德的所有研究都指向了一个因素，他概括出，在美国，比其他任何预测成功的因素更加准确的是——时间观，定义为："当计划日常活动，以及做出生活中的重要决策时，你所考虑进去的时间量。"时间观是指，当你决定现在要做或不要做什么的时候，你向未来计划得有多远。

长期时间观的一个例子是，英国上层社会的家庭有个共同的习惯，当孩子一出生，他们就把宝宝登记在牛津或是剑桥，即使这些年轻人在十八九岁的时候不去那里求学。这种长期思维就使得父母要为他们的小孩子开设储蓄账户，确保当他们高中毕业时，能有钱进入优秀的大学。

为将来而储蓄和计划是行动上的长期时间观。一对有着长期时间观的年轻夫妇，每月都在教育基金里存入 500 美元，好让他们的孩子以后能进入他们想去的学院或大学。他们愿意牺牲短期，从而确保长期更好的成绩和结果。有着长期时间观的人，一生的经济情况势必是上升的。

2. 提前付出代价

一个人从高中毕业，继续上大学，进入医学院，得到博士学位，坚持不懈地通过了实习，经过10年或是更长时间的训练后，成为一名执业医师，这就是长期时间观。经过几年的牺牲和延迟满足，他得到了完全的威望、地位和高水准的生活。10—12年的工作和学习是他为日后生活所做的职业投资。他的长期时间观也保证了他的孩子们有更高水准的生活、更好的学校和更优越的机会。他的孩子们很可能有更好的婚姻、更高的社会经济志向，过上更好的生活。

医生在他的职业初期对教育投资10年或更久，可能保障了一两代人的一生，即50—70年的时间。我们都下意识地尊敬和景仰医生，他奉献了这么多年，学到了技能，在最被需要的时候帮助我们和我们的家庭。当调查社会中最受尊敬的人群时，这种远期思维的增值可能就是家庭医生通常位于前列的原因。

3. 态度就是一切

时间观是社会阶层的基本衡量标准。一个富足的家庭或良好的教育背景会帮上忙，但你最终的地位和威望等级将取决于当你开始日常工作和生活时，你对未来的思考及计划的长远度。

如果一对一无所有的夫妇移民到美国，去做佣人的工作，牺牲一切，好让他们的子女能够上大学，无论这对夫妇现在做得有多好或多差，他们就是"实证阶层"（demonstrating class）。他们实际是在保证自己及后代进入更高的社会阶层。

长期时间观的对立面就是根本没有时间观。专业人员的平均时间观是10年、15年或20年，也许更久。普通劳动人员的平均时间观是两年。位于社会金字塔最底层的流浪汉、无望的药物上瘾者，或是酒精上瘾者只有几小时，甚至几分钟的时间观。这些人根本不考虑未来，只想着下一次麻醉自己。从上至下，社会中每个人的地位和生活方向都由自己的时间观的长度决定。

4. 考虑未来

拉长时间观、向未来思考就是要改变你的态度和个性。当你提前10年或20年进行思考的时候，你就开始走上自己的致富之路了。当你做出这个决定时，你就变得更有能力去制定更大、更长远的目标，并为它们的实现做出长期规划。你会对自己的决策更加深思熟虑，对你投入时间或金钱的远期结果更加敏感。你会变得更有耐心、更有毅力。实际上，你会成为一个更出色、更积极的人。

从今往后，练习延长你的时间观。如果你还不富有的话，那就开始把今天所做的每一件事看成是你长期职业生涯的一部分，它正义不容辞地带你走向财务自由。这是人们能够在一生中不断向上、向前的思维理念。

5. 致力于你的事业

许多人开始了工作或启动了职业生涯，但他们可能从不会想到把同一项工作做满20年或25年。他们从没想过应该投入时间、金钱和精力去学习如何把自己的工作做到卓越。

你应该做好牺牲一切的准备，专注于自己所做的事情。这会让你得到本领域里可能挣到的最多的钱。即使可能要花上多年的时间辛勤工作，你也要坚持。你将认识到时光无论怎样都会流过，唯一的问题是，从今天起的五年后你将挣到多少钱？

停在贫穷的五种方式

重复一遍，人们于贫穷中退休的五个原因是：其一，他们从没想过自己也能变得富有；其二，即使机会来了，他们也从未下决心去行动；其三，就算他们决定去做一些事情来改善自己的财务状况，可他们总是拖延，有时延误了自己的一生；其四，他们不能控制自己的欲望，忍不住把所挣的每分钱都花掉；其五，他们习惯于短期时间观，他们只是一天一天、一月一月地思考和行动，而不是计划到未来10年、20年。

致富的五条道路

倘若你确实认真对待财富，就存在五条致富的道路。

成为一名企业家

纵观美国历史，位于财富名单首列，通向富有的一号路线就是成为企业家，创建一个成功的企业。企业所从事的生意涵盖到任何类别，从农场、货运卡车到房地产、计算机，不一而足。

回首过去200年，在美国74%白手起家的富豪，其财富都源于自有企业。一个人从一件产品或服务的想法开始，然后把它变成一单生意，万丈高楼平地起，最终创造出财富。亨利·福特（Henry Ford）、安德鲁·卡内基（Andrew Carnegie）、约翰·雅各布·阿斯特（John Jacob Astor）、科尼利厄斯·范德比尔特（Cornelius Vanderbilt）、罗斯·佩罗（Ross Perot）、山姆·沃尔顿（Sam Walton）、比尔·盖茨（Bill Gates）、迈克尔·戴尔（Michael Dell），还有拉里·埃里森（Larry Ellison），无一例外，都是从几乎一穷二白开始，建起他们自己成功的企业。还有数以百万计的人也是这样。

逐步形成你的路

致富的另一个路径是，做一家成功公司的高薪执行官或是被奖励股权的公司雇员。在美国，10%自力更生的男女富翁都是加入大公司或日渐壮大的公司，为这些公司工作很多年。他们通常努力工作，得到晋升和优厚的薪水，挣到股权、红利和利润份额，因为持有这类资金而成为富人。

保罗·艾伦（Paul Allen）与比尔·盖茨开创了微软，当保罗病倒时，以股票的形式获得他在公司的大部分股份，现在是身家上百亿美元的富翁。西雅图地区以拥有众多"微软富翁"而闻名遐迩，这些人在20世纪七八十年代为微软工作，有人作为秘书和程序员得到股权，当他们操作这些股权的时候就成了富人。很多资深执行官在一年里就得到价值几百万美元的红利和利润分成。为一个成长中的大公司工作，薪金优厚，分享它的利润，这是财富的一项主要来源。

多年前，克莱斯勒汽车公司的董事会主席李·艾柯卡（Lee Iacocca）一年收到2670万美元。迪士尼的迈克尔·艾斯纳（Michael Eisner）挣到1.5亿美元红利。如果你能在一年内挣到这种钱，你就会成为别人的财富偶像。

成为一名专业人员

专业人员是白手起家千万富翁的一个重要组成部分——医生、牙医、律师、建筑师、工程师和其他可以因自己的服务而收取高额费用的高级职位。他们拥有了地位，致力于把工作做到精益求精，努力到达本行业的顶端，挣到高额的收入，然后握住这些钱。在美国，10％白手起家的富豪属于这一类。

涉足销售

白手起家的富豪的一个重要来源是销售员和销售顾问。在美国，有5％白手起家的富豪，都是他们领域内的销售高手。他们从来没有创办过自己的企业，很少有人上过大学或得到过专业学位。相反，他们非常善于销售一种产品或服务，以此获得了优厚的报酬。此外，他们很好地管理了自己的金钱，进行了很聪明的投资，让财富增值，最终成为百万富翁甚至更富有的人。

在美国，有99％白手起家的富豪来自下列四类人员：

1. 拥有自己的企业　　　　　　　74％
2. 高级的执行职位　　　　　　　10％
3. 医生、律师和其他专业人员　　10％
4. 销售员和销售顾问　　　　　　5％
　　总计：　　　　　　　　　　　99％

其他

白手起家富豪的最后1％包括下列人员：在股市大赚，拥有发明，在娱乐业闯荡，拥有图书和歌曲的著作权，彩票的中奖者以及其他。遗憾的是，这类人物太公众化了，很多人都觉得他们才是致富的典型。然而事实上，这种人比例相当小。

在这本书里，我们要集中教会你如何通过开创自己的企业、聪明地投资、进入你现在工作的快行道、上升至你这个行业的顶端，或上述两个或更多的组合，从而成为一块金钱磁铁，实现财务自由。你将学会如何发现机会、如何起步。无论你选择哪个领域，都将学会如何得到你需要的金钱、如何把你的天赋与能力最大化、如何汲取你需要的知识。

财富的定义

让我们从财富的定义开始。财富是来自其他源头的现金流量。你可能挣到很多钱，但只有当你的钱为你服务的时候，你才是富有的。为了变得富有，你的工作是要去获得金钱，然后把它投入能赚取更多资产的事情中去。财富增加的要点很简单，即增加价值。成功者是那些发现了对个人、企业、产品或服务增加价值的方式的人。

下面是一个增加价值的例子：多米诺（Domino）的比萨饼。多米诺通过外卖增加了比萨饼的价值，因而写就了一个几千万美元的成功故事。更快的递送增加了产品被感知的价值，降低了顾客对价格的敏感度。

你可以通过在一个地方以一种价格买到某种商品，然后在另一个地方以更高的价格卖出去而增加价值。例如，购买由中国、日本或德国制造的产品或服务，把它进口到美国，再以高价卖出去，这就是一种增加价值的方式。所有的进口及其销售都是基于这个原则。

你可以用服务增加价值。你可以提供一种服务，改善他人的生活或工作，或是让人能更迅速、更轻松、更便宜、更便捷地实现一个目标。这是增加价值的另一种方式。一位解除病人疼痛的牙医就是在增加价值；一位为客户合理合法避税的会计师就是在增加价值。在美国，很多富人都开始于个人服务的销售。

发现一种需要，满足它

所有的财务成功，特别是商业成功，都源于一条古老的格言：**发现一种需要，满足它**。价值的主观原理认为，所有的价值都在旁观者的眼中。只有别人愿意支付的东西才有价值。人们根据他们对产品或服务的感觉需要，决定自己将要支付的价格以及别的选择。

成功的企业源于把生产的全部要素汇总在一起——土地、劳动力、资金、原材料以及管理，创造出一种产品或服务，消费者会以比生产它的成本总和更高的价格购买。企业家就是这样打造一种产品或服务，增加原料的组合价值。生产和交付成本与消费者愿意支付的差价就是所谓的利润或增加的价值。

利润是财富的构成元素，当你看见人们愿意支付比你生产成本更高的价格时，你就看到了赚取利润的机会。如果你能建立起一种挣到利润的方式，你就能建立一家企业，开始向财务成功迈进。如果你能很聪明地管理利润的话，几乎任何有利可赚的工作或职业都能让你取得财务上的自由。

来自小理念的大财富

令人称奇的是，拥有企业的白手起家的富豪大都相当平凡。人们在诸如干洗和盖房子的营生里致富。他们通过经营干洗店和咖啡馆致富。他们中的一些人是货运司机或拍卖员、农夫、起重机手、计算机软件设计员和机床制造工。实际上，任何行业都有机会干得出色，得到利润，成为致富的起跳板。对你而言的关键是，工作要比别人更出色、更有效，然后得到回报，从而挣到更多的钱。

人们经常问我，如果他们想挣很多钱，应该进入哪个行业。随着消费者的愿望、需要、需求和欲望的不断变换，这个问题的答案也在不断地改变。20世纪90年代，在美国那场网络技术公司爆发的风暴中，百万富翁每周增加的速度是1万名！当这些以股权为燃料的公司塌陷时，多数新贵都不复存在了，不料，在全国范围内又重新涌现出住宅和房地产热潮。没有人能确保明天的快速增长机会出现在哪里，但对于富有野心、具备企业思维的人来说，只要消费者的需求在继续改变，各个行业就要继续潮起潮落。

一个想法就是你所需要的一切

创建布朗宁摩天（Browning Ferris）产业的汤姆·法提欧（Tom Fatjo）就是一个著名的成功典型。他出身于会计师。因为没有任何人愿意每周为他家还有邻居们拖走垃圾，于是汤姆买了一辆卡车，下班之后开始自己拖运垃圾。很快，其他没有受到服务的邻居和市政当局征求汤姆意见，是否也愿意为他们拖运垃圾。

汤姆对当地的垃圾拖运产业进行标准化，然后推广到全美而致富。通过介绍大批量生产方法和新效能，他把垃圾拖运变成极赚钱的生意，并成为美国最富有的企业家之一。

肯德基创始人哈莱德·桑德斯上校（Colonel Harland Sanders）创业于65岁，通过出售烤鸡食谱致富了。黛比·菲尔德（Debbie Fields）在家抚养四个孩子，起步于一家小店铺，就像著名的《阿摩司书》（译注：《旧约圣经》中的一卷）一样，最终凭销售饼干发了家。在每个实例中，企业家都是抓住一种当前的需要或愿望，找到一种提供高质量产品或服务的方式，结合能让公司产出高额利润的有效运作。

把你的资产最大化

那么，一个逻辑问题产生了："富人做了什么或拥有什么，使得他们能获得比普通人多得多的财富？"我相信那些致富的人都是因为拥有了我所谓的**杠杆**。对于成功以及财务成就来说，杠杆原理就是把你的潜能最大化、多样化的钥匙。如果你像多数人一样，只依靠自己体力和脑力的努力，那么杠杆就会让你取得比原本你能实现的高得多的成就。杠杆是致富的钥匙。

下面是你能逐渐拥有的10个杠杆，凭此可以获得财务上的自由。

专业化的知识

第一类杠杆是知识。专业化的知识之所以能为你起到杠杆作用，是因为它能让你的身价更高、让你的贡献更具价值。医生、律师、会计、有经验的销售员，都拥有对别人极具价值的实用知识。精深的知识能让他们更快地得到更好的结果。因此，人们喜欢使用他们的服务，愿意向他们支付更多的钱。

通过知识形成杠杆有三种方式：成为专家，专注于高价值的活动，熟谙你的产品。

1. 成为专家

下决心成为你所选择的那个领域的专家。今天就做出决定，进到前10％。把它定为目标，做一份计划，每天的工作都要更出色一些。阅读你这个领域里最好的读物，参加你能找到的、有助于你进步的课程和研讨会，即使需长途跋涉也要参加。通过各种渠道吸收知识，成为一种永不停止的自我驱动。

2. 专注于高价值的活动

专注于对你的公司或你的消费者最重要、最有价值的活动。运用20/80法则，即：你80％的成果来自你20％的活动。在你的工作中，专注于能给你自己和他人带来最大价值的那20％的工作。要精通消费者最关心的那些专业知识。

3. 熟谙你的产品

把你的产品或服务了解得通通透透，目标是成为你这个领域的行家。记住，专家知识的贡献值要比普通的知识大得多。相应地，专家的工作会得到更高的报酬。

精通你的技术

技能是一类杠杆。你越擅长你的工作，你得到的报酬就越高。前20％的推销员挣到的是后面80％的人平均收入的15倍。顶尖的医生、技工、律师、技术专家和每个领域的领导者所挣的都比普通员工高很多。

获得技能杠杆的要点是：成为最好，不断学习，超过期待值。

1. 成为最好

首先，下决心把你的工作做到最好。付出任何代价，做出任何牺牲。无论需走多远，都要成为你那个领域的专家。即使精通技能需要花你几年的时间，但你要知道，时间无论怎样都会流过。

2. 不断学习

把自己投入持续的个人及专业提高中去。永远不要让自己对当前的技能水平感到满意或自得。就像传奇篮球教练帕特·莱利（Pat Riley）曾经说过的："如果你不打算变得更好，那你就会变得更差！"有一项赛跑正在进行，你身在其中。下决心比竞争对手学习和运用得更多、更快，去赢得比赛。

3. 超过期待值

要一直努力超过你的客户、老板以及你服务对象的期待值。养成习惯，始终要比得到的报酬做得更多更好。如果你全力以赴地工作，你的付出超过了取得的报酬，那总有一天会得到比今天高得多的回报。

金钱就是力量

你可以拥有的第三类杠杆就是金钱。金钱是一个强大的杠杆来源，通常会很自然地随着你知识和技能的发展而来。

你一定听说过这句谚语："钱生钱。"钱能生钱的主要原因是，如果你真心想要实现财务上的自由，在形成你必须拥有的个人品质和性格的过程中，节省和积累资金的能力是关键一步。换句话说，只有约束自己节省出获得财富所必需的钱，你才会成为有能力致富的人。

为了拥有金钱杠杆，你能做的三件事情是：定期储蓄，摆脱债务，建立现金储备。

1. 定期储蓄

开始一个系统的储蓄计划，每月至少存下总收入的10%。这是致富的起点。理想状态下，你应该有一个专门的账户，在得到收入时，自动地扣减并存入这个户头中。

2. 摆脱债务

还清你的债务，从那些背负最高利息的开始，譬如信用卡和金融公司。定下目标，除了住房贷款和汽车贷款外，让你的生活最大限度地脱离债务。

3. 建立现金储备

下决心建立一项现金储备，为机会的出现做好准备。大部分人终生一贫如洗的原因是，即使他们想出一个很棒的挣钱点子，也没有资金去投资。励志广播名人厄尔·南丁格尔（Earl Nightingale）曾经说："如果机会来到时一个人没有准备好，那只能让他显得很愚蠢。"

你所认识的人

杠杆的第四种形式是人际交往。认识正确的人，并为他们所认识，这就可以为你打开门路，省去你的数年苦工。你的人脉的质量和数量或许比其他任何因素更能带给你成功。在正确的时间和正确的地点认识一个人，可能会改变你的人生进程。

为了扩展你的交往名单，下面是你可以做的三件事情：列一个名单，建立日常的人际网，参与到社会组织中。

1. 列一个名单

首先，列一个首选25人的名单，当地或是全国的，你觉得认识这些人会对自己最有帮助。在接下来的12个月里，制定策略去与每一个人相识。然后再列出25人。这些人是你认为会对你有所帮助的重要人物，甚至可以包括市长、国会议员、参议员等。

2. 建立日常的人际网

抓住一切机会与人交往。参加你的企业和生意中的社交活动，参加会谈，融入其中。志愿为一个重要的委员会服务，单凭这一项行动就可以为许多人缩短几年的职业路程，我自己就是如此。

一次，我在为一个商务委员会做演讲时被一名资深执行官注意到，他当时是委员会的关键人物。后来他接近我，以三倍的工资把我从当时供职的公司挖走。结果在职业生涯中，我一跃跳过了五年。每次机会中的人际关系对你都很重要。

3. 参与到社会组织中

扩大交往的另一种方式是，参与到社会服务组织中。每一个团体里最出色的人，你应该认识和应该认识你的人，通常都以某种形式参与公共服务。在你的城市里，以联合劝募会（United Way）的方式开始，或是参加你关心或感兴趣的任何慈善机构。参与到你的教堂活动里。在做志愿工作时，你会惊讶于自己将见到的出色的人。

你是一个天才

创造力是杠杆的一种形式。别忘了，一个新想法是你开启财富所需的全部。每个人都有能力提出创造性的想法和解决方案，只要大家去寻找。所有伟大的财富都开始于一个想法。这方面对于致富非常重要，我要用一整章（第9章）的篇幅向你说明，如何打开你与生俱来的创造力。

完成工作

优秀的工作习惯也是能够帮助你的一类杠杆。在你的领域中，优秀的工作习惯让你超过其他人。它们帮你脱颖而出，让能够帮助你的人注意到你。

各项研究表明，优秀的工作习惯好像比你能拥有的几乎任何其他品质，都能更加迅速地打开更多扇门。你从雇主那里得到的报酬总与你的工作业绩成正比。如果你拥有这样的声誉——你总是最快做好工作并得到所需结果的那个人，仅此一点就可以把你带入职业的快行道。

一种积极的精神态度

你可以拥有的另一个杠杆是一种积极的个性。关于成功者的每一项研究都表明，越多的人喜欢你，他们为你敞开的门就越多，你向前迈进所需要的机会就越多。如果人们喜欢你，他们就会做任何可能帮你成功的事情。你与别人融洽相处、有效交流、做一个积极并快乐的人的能力，会使你无论走到哪里，都有援助之手伸过来。

作家、研究员丹尼尔·戈尔曼（Daniel Goleman）以他讲述情商的著作一举成名。他总结道，对于成功而言，你与别人融洽相处的能力比你的智商或名牌大学的学历更有效。他概括说，最成功的人都是凭借其影响力、沟通能力、说服别人以及推销其观念的能力才达到顶峰的。

彼得·德鲁克（Peter Drucker）说，执行官的三大法宝是会议、演讲和写作。上述各方面的出色都是可以通过实践和应用来学习的。去上一堂关于公开演讲的课，学习和实践谈判的艺术。成功的85％决定于你与别人的交流如何，因此，现在就下决心成为一名人际关系方面的专家。

运气因素

在财富男女的故事中，不断被提及的另一个成功要素是运气。运气是一种杠杆，也是每一个伟大成功的组成部分。幸运的是，运气大多是可以预言的，它以特定的形式发生在人们身上。实际上在很多方面，你都是通过做了或未做成某些事情，创造出自己的运气。

运气在很大程度上是一种可能性，其实就是一种任何事情都可能发生的概率，这些或然性能以相当高的精确度被计算出来。几乎在每一个案例中，你都可以增加或降低每件事情发生或不发生的可能性。这是我的作品《创造你自己的未来》（*Create Your Own Future*，2003年出版）的中心议题。

例如，你会命丧于一起车祸就是某种可能性。但你可以通过保持镇静、更小心地驾驶和系好安全带，来降低这种或然性。有些人开了一辈子车，从未发生一起事故或收到一张超速罚单。

1. 挣100万？

在你的工作生涯中，你将成为百万富翁的概率是5%。这也就意味着，你有95%的可能不会攒到100万美元。你甚至可能一生都在工作，可还是贫困地退休或是靠别人过活。这本书的主要用意之一就是，通过提供前5%的人运用的知识和工具，帮你增加实现财务自由的可能性。

比如我们知道一个事实，运气是活动的函数。你尝试的事情越多，尝试得越快，在正确的时机尝试到正确的事情的可能性就越高，它将带来你渴望的成功。比尔·盖茨是世界首富，但在任何特定的时间段内，微软都有大约1600种不同的项目在进行不同阶段的研制。他在不断地工作，增加公司研发出新产品和创造出高利润的概率。

比尔·盖茨尝试的很多事情都将失败。事实上，多数事情都不会在第一次就有成果，它们通常在前10次都不管用。尽管如此，如果你坚持尝试新的事情，从每次挫折中学习，那么你必将拥有成功所需要的技能和经验。

2. 不断地学习和准备

有一条谚语：**"当你的准备遇到机会时，就是运气。"**在你选择的领域中，用来学习、研究和准备自己的时间越多，你拥有的运气就会越多。你准备得越充分，当机会出现时，你就越能抓住并利用它。

最重要的是，看起来，运气都发生在有着清晰的目标和具体行动计划的人身上。当你确切知道自己想要的，同时每天都在为实现它而做着勤奋的工作，所有神奇的事情就都会发生到你头上，推进你更快地奔向你的目标，你的目标也会向你而来。

当你清楚自己的目标时，就激活了吸引力法则，它开始把帮你实现目标的人物、想法、条件、资源吸引到生活中。幸运巧合和偶发事件都会发生，以你现在无法解释的方式帮助你。在下一章，我将更深入地探讨有关成为金钱磁铁、吸引运气的话题。

提高个人能量

能量是你踏上自己致富之路时可能拥有的一种杠杆。多数成功者都比普通人拥有更多的能量。凭此一点，他们就能以更大的热情和韧劲工作得更久、更努力。当在成功的路上遇到不可避免的问题和困难时，他们的反弹力更强，更有能力卷土重来。

因此，对于伟大的成功来说，利用合理的饮食、锻炼和休息来安排你的生活就是很基本的。比如，事实上，绝大部分成功者有一个共同的习惯，他们很少看电视，很早上床睡觉。"早睡早起"看来确实让人"健康、富有和聪明"。成功的人认真安排自己的时间和生活方式，好让自己能早早起床，计划他们的一天，而此时普通人还在睡梦之中。仅凭这个习惯，你就拥有了超越竞争对手的一大优势。

选择正确的工作

为了致富，你能拥有的另一个杠杆是正确的职业选择。选择正确的工作或许是最重要的杠杆形式。除了自律之外，成功、富有者的一个"公分母"是，他们从事自己热爱的工作。在职业生涯中，你所做的最重要的决定就是为自己选择正确的工作类型。

只有当你从事自己关心、感兴趣和完全吸引你的工作时，你才有可能勤奋努力、披荆斩棘，坚持不懈地向成功进发。事实上，如果你对自己的工作没有足够的热爱，没有想过要特别出色地做好它，你就应该去寻找其他能让你充满热情的事情。如果滞留在一个让自己兴奋不起来的工作里，你就是处在浪费时间和生命的危险之中。

问你一个问题：**如果明天赢得100万美元的彩票，你会继续从事现在的工作吗？** 答案如果是"不"，那你对自己的首要责任就是承认自己走在了错误的路上。你的目标必须是开始寻找你理想的工作或职位。你必须把自己投入某件自己热爱去做的事情上，在那里你拥有的潜能胜过他人，无论需要怎样的改变或牺牲。

一旦你找到了正确的工作，它完全适合你的才能、兴趣、能力和性情，那时你就做好了踏上致富之路的准备。

成为一个无极限的人

如果你真心渴望富有，除了自己之外，没有什么能够阻止你。对于想象中的一切艰难险阻，你都会找到方法去克服，从而走向伟大的成功。

当你觉得自己遇到障碍时，总有人会迎接10倍于你的困难，他们无视困难而最终取得成功。倘若你真心渴望富有，就不要指望奇迹。成为富人需要一个目标、一项计划，要自律，还有很长很长时间的勤奋努力的工作。这些都是你需要学习和拥有的品质。

如果你愿意提前付出成功的代价，并且愿意一直付出下去直到实现目标，那你必将成功。唯一需要你回答的现实问题是：**你到底有多想要？**

行动练习 ···

1. 今天做出决定，你要在未来几年内实现财务自由。确定一个具体的财务目标，定一个期限，做一份计划，今天就行动。

2. 去银行开设一个"财务积累"账户，在接下来的岁月中，你将开始建造自己的"财务森林"。

3. 目标指向未来10年或20年，开始畅想你的完美生活。它会是什么样子呢？你可以立即采取哪些步骤，开始把它变为现实？

4. 在你选择的领域里全力以赴地做到最好。发掘一项技能，如果你能始终把它做到最好，你就能有更具价值的贡献。

5. 加快步伐。下决心每天做出大于你的报酬的事情，并提高效率，让自己值得信赖。成为行动导向型的人。

6. 拒绝保守。别担心暂时的失败。通过更长久地坚持尝试更多的事情，集中精力提高成功的可能性。

7. 下定决心，无论发生什么都保持积极乐观。寻找每种情况和每个人的优势。享受踏上致富之路的过程。

"如果你渴望财富，那么通向它的道路就像通向市场那样普通。致富主要取决于两个词：勤奋和节俭。既不要浪费时间，也不要浪费金钱，而是要充分利用它们。"

——本杰明·富兰克林（Benjamin Franklin）

Getting Rich Your Own Way

3

成为一块金钱磁铁

"最大的挑战在于,成为你可能成为的全部。

你无法相信它对人的精神有多大的影响。

要最大化你的能力,把它发挥到极致。"

——吉姆·罗恩(Jim Rohn)

一切财富的起点都是拿破仑·希尔所说的**繁荣的意识**。你必须在真正实现它之前，就把财务成功置于自己的思维中。贫穷和富有都是思维状态的结果。在你走向富有和财务自由道路的过程中，迈出的最重要的一步就是决心改变你的思想，同时在你的思维中留下你能够并将要实现财务目标的不可动摇的信念。这一点必须放在首位。

　　在我的成长阶段，我迷恋于成功男女的故事：他们如何挣到又赔掉财富，然后再次挣回来。我好几遍都读到了繁荣意识的重要性。但直到几年前，我才彻底理解那意味着什么。当时它突然击中我，从此我的人生再也不同了。当我终于理解繁荣的意识这个词的意思时，生活的每个方面都被戏剧性地改变了，特别是财富积累。

改变你的思想，改变你的生活

　　在本章，你将学到一些最激动人心的原则，它们都是人类在研究智者的奥秘时发现的——健康、快乐以及巨大个人财富的奥秘。一旦你理解了这些关键的原则或法则，你设想中和坚信的一切，对你而言都将成为可能。除了你自己的思维上限之外，再没有极限可言。

期待最好的

期待法则是说，无论你自信地期待什么，积极或消极，那都将成为你的现实。如果你信心百倍地期待成功并把它作为信念，那你的行动就仿佛自己胜券在握，你终将实现目标。

如果你自信地期待要从每一次经验中学到一些东西，那你将在每次挫折或困难中变得更智慧、更聪明。如果你自信地期待在机会面前因为运用了自己的天赋和才干而变得富有，同时把这种期待坚持足够长久，那它就会成为你的现实。积极期待的心态将塑造你一种积极、乐观和愉悦的个性，这会把对你有帮助的人带进你的生活，也有助于让事情按你期待的那样发展。

成功的人预先期待成功。他们预先期待受到欢迎，被人喜爱。他们预先期待从每次经验中学习和成长。关于期待的神奇事实就是，它们完全在你的控制之内。你为自己决定它们的走向。你用自己的思考方式决定它们将会是什么样子。总是期待最好的，你就将鲜有失望。

成为一块生活磁铁

宇宙中最强大的原则之一是**吸引力法则**。吸引力法则说，你是一块生活的磁铁。该法则认为，你的思想创造出一种能量的力场，由你释放出能量，并把与之一致的人物及条件吸到你生活里去。你拥有的每一个思维都是或积极或消极的。就像铁屑之于磁铁，无论你拥有积极的思想还是消极的思想，你都会吸引与这些思想一致的人物、条件和事件走进你的生活。

　　在解释成功与失败、好运与厄运时，这或许是所有精神法则中最重要的一个。它表明，如果在你的思维中对向往的目标有一幅非常清晰的画面，同时你能不断坚定这个想法，那你肯定会把实现它需要的资源引入生活中。

　　已经致富或成功的人，之所以会富有或成功，是因为在他们的思维中长期、坚定地握住致富和成功的信念，直到他们得到实现目标所需要的资源。你的主要工作是，让你的思维锁定在你真正想要的事物上，而不断远离你不想要的事物，直到你真正的愿望开始在你周围的世界中具体化。

在乎中，形于外

　　对应法则非常强大。它表明，内心的变化一定会在外部表现出来。这条法则解释了你眼中的世界就像一面镜子，反映的是你内心世界正在进行的事情。在有意识与无意识的层面，这都是真理。除非在你的思想中有与其相对应的事物，否则没有什么会进入或停留在你的生活中。

　　只要在你脑海中持续存在，你都能够拥有。如果你有意识地相信自己具备达到某一特定目标的能力，并长久地在思维中坚守那个清晰的目标图景，你的外部世界就会对应这幅景象。创作和坚守这幅精神画面的能力测试了你是否真的想要实现这个目标，你是否相信它是可能实现的。

对应法则的三个表现

　　对应法则表现较为明显的有三个地方：别人的脸，你的关系，你的财富。

1. 别人的脸

你在外部世界与别人的体验恰恰对应着你自己的心态。你总会看见自己的心态从旁人的脸上和行为中反射回来。如果你有一个积极、乐观的心态，人们几乎会不断地反馈给你积极愉悦的方式，甚至在你张嘴说话之前。

2. 你的关系

你的关系将映射出你内心是怎样一个人。当你感到开心、亲切、友爱时，你的关系也会是快乐、和谐和充满爱意的。但如果你有意识或无意识地愠怒、焦躁或基于某种原因而恐惧时，你将立刻看见它反映到你的关系中，特别是在家庭和工作单位。

3. 你的财富

你的财富与财务成就将是你内心世界对财务成功所做的准备的镜像。你在思维中填充的有关挣钱和积累财富的思想、言语、画面、景象和目标越多，它们就在你周围世界里出现得越快。

法则是中性的

期待法则、吸引力法则和对应法则都是中性的。这些法则要么为你工作，要么与你作对，这取决于你思考的方式。这些法则让你快乐或者不快乐，健康或者不健康，富有或者贫穷。它们会根据你的使用而帮助你或者伤害你。

精神等式中你能够控制的唯一一部分是，你可以选择自己思考的方式。当你控制自己保持在某些你想要的东西以及财富和富足的愿景中时，这些法则终会形成你的外部世界的现实，反射在每一个细节中。

种瓜得瓜，种豆得豆

《新约圣经》讲授的一个最重要的原则是**播种与收获法则**。这条法则表明，"一个人播种了什么，他就将收获到什么"。换种方式说，无论你放进去什么，你都将拿出来什么。有些人觉得这不公平，那是因为他们没有理解这个法则的真实含义。

在现代世界中，你一定听说过**富者更富，穷者更穷**的说法。为什么会发生这种情况呢？原因很简单。基于对应法则、吸引力法则和期待法则，致富和保有财富的人都刻意地培养和保持一种财富思维，一个价值连城的思维。他们播种优秀的思想，然后收获优质的生活。他们就财富的创造和繁荣思考得越多，他们挣到的钱就越多，他们就会越富有。

消极的思维赶走财富

与此同时，不断担忧自己财务状况的人就在他们周遭形成了消极的精神能量力场，从身边驱走了金钱，加剧了自己的财务问题。他们最终挣到的钱会比渴望中的少得多，或是低于他们本应能挣到的，而且还经常被账单和债务所压倒。他们收获的是自己播种的恶果。他们变成自己思维中的那个样子。

有些人在自己的思维里填满了短缺、匮乏、贫穷以及不能负担美好生活的思想。他们不断地考虑每件事情的成本有多大，他们的钱有多拮据。他们脑海中的失败多于成功。结果，他们形成和保持了一种贫穷的意识。他们种下匮乏的思想，收获到财务失败的生活。

像富人那样思考

富人思考得最多的是什么？他们在致富之前的很长时间内想过什么？根据上千名采访对象的回答，我们发现，富人在自己的思维里填满了财富、丰裕、成功、生产力和解决市场问题的思想、语言、画面和景象。他们阅读有关其他富人以及财富创造方面的书籍和杂志。他们想象美丽的家园、汽车、衣服和假期。他们不断地期待，基于自己的努力去享受这些美好的事物。

有关致富的一个法则是说，如果你想成功，那就找到一个消极思考的人，然后避免以那种方式进行思考。相反，要观察富人是如何思考的。看看他们在阅读什么。了解他们如何度过自己的时间。找到他们谈论、思考和写作的内容，然后去做与富人相同的事情。只在你的精神花园里播下那些希望在周围世界里能看见成长的种子。

长期努力

积累法则是解释人们如何白手发家的关键原则。这个法则认为，在人类生活中，**每一件伟大和有价值的事情，就是要累积即使没有上千也要成百的很少有人看见或感激的小小努力和牺牲**。该法则解释了伟大的成功极少来自一夜之间、一次经历或一个突破。相反，持久的成功是随着时间而汇聚和积累来的。

在实现任何价值之前，你都要付出无数没人看见或感激的细小努力。从某种程度上讲，财务成功增长就像雪球。一个雪球开始非常小，但随着向前滚动会积聚上百万枚小雪片，它渐渐长大。不久，它就变成不可抵挡的、横扫一切的存在。

学习你需要学的

对于财务成功来说，积累法则的重要之处在于三个方面：知识、金钱和经验。因为它们太重要了，所以本书会反复提到。

知识就是力量

知识就是力量，这是你扩大自己机会乘数的杠杆。你的知识量是长时间地汇聚和累积成百上千个微小信息片段的结果。

任何拥有巨大知识库的人都是投入上千小时、一个想法一个想法地建起那座智力图书馆的。随着成年累月的学习和成长，此人成为某领域的专家，他可以比那些没有进行相同工作量及准备的人收取更高的费用，得到更多的收入。这就是在任何领域内，前20%的人挣到该领域80%收入的主要原因。他们比竞争对手懂得更多，因而也就因为自己的服务收到了高得多的报酬。

节省你的金钱

积累法则对你的成功起重要作用的另一个方面就是有关金钱。每一笔巨大财富都是由成百上千的少量金钱累积起来的。富人极少是以巨大的财务突破或头彩发家，即使那是多数人在他们二三十岁相信并努力的方向。相反，财富起先都是慢慢地增长和积累，一次一步，并且只流向那些被证明能挣到钱，并且留住这些资金的特定人物那里。

开始你致富之路的地方正是你现在所处的位置。如果你不能约束自己习惯节俭，约束自己开始以当前的条件省钱，那就别指望以后能形成这些品质。

倘若你在为财务成功寻找一个简单的公式，那可能包括下面这句：开销低于所得。对你而言，现在就是你能拿到多少钱都可以开始的起点，开一个"财务自由"账户，开始存钱。当储蓄的时候，你就在金钱周围建起了一个能量力场，这些钱会吸引越来越多的钱进入你的生活。当你把这些增加的量填入你的财富账户时，你就打造出一个更大的磁场，还会把更多的金钱吸引到你的账户里。

几年前，我开始了一桩新的生意，犯了新企业可能会犯的每一个错误，赔掉了所有的钱。结果，为了能在财务上生存，我们不得不卖掉房子换取现金。在这点上，我的妻子坚决反对。她宣布自己已经厌倦为了金钱而惶惶不可终日的生活。她坚持要从房款中拿出1万美元，存进一个我不能插手的独立银行账户中。因为她太坚决了，我只好同意，让她去存。你知道发生什么了吗？从她把这笔钱存入一个独立账户的那一刻起，我们再也没有缺过钱。

无论在接下来的岁月里发生了什么，不管经济环境以及企业如何起起落落，都有足够的金钱继续进账，让我们从不必动用那个特殊的存款账户。几年内，我们还清了债务，还能在这座城市最好的街区之一购买一套住宅。

过去几年，我对很多成功的人讲了这件事，他们都告诉我同样的故事。他们说，当他们一开始省钱存起来备用时，这些钱好像就吸引了更多的金钱和机会进入生活中。随着存款的增长，他们开始吸引能让自己聪明地投入资金的人物和信息，这使得他们的投资更快地增长。或许，多数人于贫困中退休的主要原因是，他们从不储备起步资金。赚钱需要钱。

深入的经验

经验在积累法则中非常关键。任何领域的成功人士几乎都比该领域里普通人的经验多得多。没有什么能取代经验。无论是在生意、企业、管理、销售、投资、演讲、写作还是别的事情上，经验创造出关键的区别。

关于精通，有很多研究和观点。专家们的一致意见是，任何领域内精通的基础是模式认知。这是一种当面对与过去情况相似的情形时"连接这些点点"的能力。一个人经历不同的情况越多，他记录的模式就越多，当新的或不同的事情发生时，他就能越快地做出一个有洞察力的决策。

模式认知可应用于每个领域，从法律、医药到谈判、销售和企业。专家们都赞同，无论你的领域是什么，为了精通一种技能，你都需要5—7年，1万小时的经验。获得这类经验的唯一办法就是愿意失败，用反复试验的方式从每次经验中学习。

精通的最大敌人，也是在你的领域内做到最优秀的敌人是"舒适区"。多数人都太安逸于较低水平的行为和成就，以致尝试新鲜不同事物的想法会引起他们的极度不安。许多人之所以没有冒必要的风险走出他们的舒适区，是因为他们害怕自己会失败。

但事实是，直到你走出了自己的舒适区，犯过了错误，有了成功所需要的经验，你才有可能成长，有能力挣到你向往的财富。换句话说，你只有通过失败才能学习如何成功。**只有通过去承担没有成功保证的风险，才会成功。**如果没有平日的失败，你就无法取得巨大的成功。

伟大的真理

这是积累法则的关键：**每件事都有价值！**你做成或没做成的每件事在某种程度上都是有价值的。一旦你为自己设定了目标，那么你所做的每件事不是帮忙就是危害。任何事情都不是中立的。人们犯下的最大错误是，他们认为只有自己决定某事有价值或他们要让其有价值时，这件事情才具有价值。但规则是，如果它没有帮助，那它就有危害。如果不是增值，那就是贬值。

当你为致富设定一个目标时，就把自己放在了一个新的规则体系之下，从今往后的每件事情在某种程度上都是有价值的。当你阅读一本书、聆听一个音频、参加一次额外的研讨会或课程去提高你的挣钱能力、早睡早起，一切都有价值。当你预先计划每一天，在处理别的事情之前先做最重要的工作，这也是有价值的。每一次积极、有帮助的行动都是你总账中的收入项。

别浪费时间

但如果你把晚上的时间花在看电视、与朋友交往上，在低价值、无价值的活动中消磨的话，它们也有价值，都是总账中的支出项。就像一个成功的公司有一份正的资产负债表一样，你也有一份资产负债表。当你积累的贷方远远高于借方时，你就为自己创造了美好的生活。正像财务账目中的每一项一样，每件事都有价值。

下面是个重点。如果你在做没有推进自己目标的事情，那就可能在把你自己从目标中拖走。你做的事情不是推进你实现你的目标、成为你想成为的人、积累你想积累的财富，就是把你拖走。每件事都有价值。这是积累法则在生活中最重要的应用之一。

信则灵

信念法则对你的生活有着不规则的影响。这个法则是说，无论你凭感觉相信什么，它都会成为你的现实。你不相信自己所看见的；相反，你将看见自己业已相信的。你的信念预先安排了你以特定的方式看见你和你的世界。如果你强烈地坚信某件事情会是事实，那你就会以特定的方式思考、感觉和行动，你的行为就会决定你的结果。你的信念就将成为你的现实。

你的思维也是这样被设计的，你总有一种倾向去忽略或阻挡任何与你已经相信会成为事实的东西不一致的信息，无论你的信念是源于事实还是虚幻。

百万富翁的思维模式

有一个重要的发现：注定成功的人绝对相信自己迟早会成功。他们相信，于自己身上发生的每一件事情，无论积极或消极，都是最终促使他们成功的宏伟计划的一部分。他们拒绝接受、思考或讨论失败的可能性。不成功的概念从不出现在他们心里。

你外部的行为总与内心真实的信念相一致。当你完全确信自己是一个成功的人，只是在等待适当场合的出现，你就会与那个仍在怀疑自己成功能力的人有了截然的不同。当你形成一种繁荣的意识时，你将相信有一个计划会让自己成功，发生在你身上的每件事情都是这个计划的一部分。

你将开始在每次挫折或困难中看见好的一面。你将从每次暂时的错误或问题中吸取有价值的教训。像亨利·福特一样，你将自信地说："失败只是更加聪明地开始的又一次机会。"你将形成一种意识，完全相信自己的财务成功志在必得。

你将拥有伟大的飞跃，从积极的思考到积极的认知。积极的思考有时可能是愿望或希望，掩饰了恐惧和疑虑。而当你完全相信自己无论如何都会成功，积极的认知就会出现。从这一刻起，你就是不可阻挡的。

决心付出代价

在所有伟大的成功中，一个关键的个性品质就是毅力。毅力是实现任何宝贵目标的关键。毅力源于信心，源于信念，源于信任。它源于你对自己战胜任何艰难险阻的能力的信念。就像其他品质一样，无论何处需要毅力，你都可以通过实践而拥有它。

无论你何时想到退缩，都可以通过坚持来增强毅力和提高品质。即使还有成百上千件别的事情可以做，你也要每天约束自己朝着最重要的目标而努力，以此增强毅力。你可以通过阅读成功者的传记来增强毅力，他们都是毅力的赢家。

你向思维灌输的关于成功的理念和信息越多，你就越可能拥有自己所需要的披荆斩棘的毅力，这些是你走在成功的道路上最需要的。

成功并不属于每个人

"许多人被呼唤，但极少人被选择。"每个致富的人都是从生活中的梦想、希望和某种程度的幻想开始的。今天，或许是人类历史上最好的时代，从没有像今天这样多的机会能让更多的人实现他们的财务目标了。然而事实是，成功者凤毛麟角。

100个人里只有1人在他的一生中富有了。只有5%的人实现了财务自由，就是说，他们有了足够的钱，不必非要去工作才能养活自己。

认真起来

事实在于，你实现财务目标的唯一出路是，当你不再戏谑，真正认真起来的时候。财务成功不可能是你想在某天所有条件都成熟时实现的某件事。条件永远都不会一起成熟。总有拖延的理由，但赌注太高了。你必须认真起来。记住，每件事都是有价值的。

我每次遇到经历数年才在财务上咸鱼翻身、挣到大笔钱的人时，都会问："你的转折点是什么？"他们几乎都会给我扮个鬼脸，说："嗯，我终于决定要认真起来了。"

有时是他们生气了，要么是对自己，要么就是看见他们认为不如自己有才干的人做得比他们出色。有时他们看见机会并决定去追逐。在每个案例中，他们都决定冒险放手一搏，走出自己的舒适区。为了整装待发，你也要做同样的事情。

对自己负责

墨菲法则中的一条说："你做任何事情之前，都要先做别的事情。"因为成功太稀有了，如果你想实现并保持它，就必须先学习很多法则，而你首先要做的事情是，完全掌控你自己和你的生活。

成为一块金钱磁铁需要形成自制、自控以及自律。要对自己负责。对于任何非常想成功的人来说，欲望和行为是关键。在所有自制中，控制思想是最艰难的过程。

快速列单法

下面是一项练习。回答问题："当前，你生活中最重要的三个目标是什么？"你应该在30秒内用快速列单法写下答案。

下面是一项测试：在接下来的24小时里，下定决心只思考和谈论这三个目标，你可以如何实现它们。拒绝去思考或谈论其他无关的事情。无论你的思维何时溜号，都要把它拽回到你的目标上来。

这项练习非常具有启迪性。别说要在24小时之内只去想你的目标而远离你不想要的事情，其实你连24分钟也做不到。这个练习会证明控制你的思想、让它集中是多么困难的事情。它将让你明白为什么只有极少数人取得成功，或是在某些方面发挥出全部潜能。你将发现，至少是开始发现，让思维一直保持在你向往的事物上，就像是试图在蜿蜒的道路上控制一辆没有方向盘的汽车。

聚精会神

好消息是，聚精会神是可以学习的本领。它们是你凭借毅力和实践可以形成的习惯，同时它们会让你在将来具有更强的毅力。自制起先很艰难，但你通过实践和练习可以做到，在大部分时间里把自己的思维集中在你的目标和愿望上。

你一旦控制了自己的思想，就可以控制自己的行动了。如果你预先控制自己、训练自己付出了代价，那你最终将会成功。正如金克拉（Zig Ziglar）所言："如果你对自己苛刻有加，生活对你而言就是易如反掌的。但如果你坚持轻松自由，生活就将对你冷酷到底。"每件事情都有价值。你必须下决心，这里，现在，在你的思维中填满只与目标相一致的想法，同时持续在思维中甩掉疑虑和恐惧。

你的意愿必须足够强烈

财务成功开始于对财富的强烈愿望——不是一个冷淡的愿望，而是一个正在燃烧、为达目标在所不惜的愿望。在你将要面对无休止的、从各方面袭来的困难和失望时，情感、承诺、决心的强度绝对是你勇往直前致富的关键。

日本有一句谚语："挣钱就像用钉子挖坑，赔钱就像往沙中倒水。"事实是，我们生活在一个竞争日益激烈的世界，这里充满了决心要尽可能多挣钱的人们。这些人将不择手段地挖走我们的客户，对我们过高讨价、假意交付，甚至采用谎言、虚假交易、欺诈的手段，还有你在一开始无法想象的不正当竞争。

为了致富，你必须像狐狸那样机警，洞悉可能发生的事情，就像墨菲法则说的："任何可能出错的事情终将出错。"你将经历没完没了的财富逆转和不可预知的挫折。墨菲的第二法则说："可能出错的所有事情中，总可能是最差的事情，在最糟的时间，花最多的钱。"

一位富有的顾问

财务专家伯纳德·巴鲁克（Bernard Baruch）在15岁的时候，从华尔街的通信员开始了自己的职业生涯。他最初的薪金是每周 3.5 美元。通过运用我在本书中讨论过的一些原则，特别是成为投资领域的专家，他最终成为美国最富有的人之一，同时还是六位总统，包括富兰克林·罗斯福的顾问。

巴鲁克对待价值和投资的态度简单而直接。他曾说过："挣很多钱的第一个条件就是，想要挣到很多钱。"第一个基本条件是要有一个清晰的决策，然后凭毅力和决心去实现那项决策。很大数量的人从来没有坐下来仔细想过他们是否要挣很多钱。他们可能希望、祈祷挣到很多钱，但他们从没决定去这样做。如果你打算实现，你就要必须真的、真的想拥有它。

你的理由是什么

"理由是动机熔炉的燃料。"你想要致富的理由越多，你就会越热情地向往财务成功，实现它的决心就越大。所有的动机都需要某种刺激。你的是什么？

如果你有一两个挣大笔钱的理由，那你的动机就很小，当你沿途遇到不可避免的障碍时，你会很容易就放弃。但是，如果你有 100 个理由想要致富，那你就像一辆正在下坡的火车，没有什么可以阻挡你。

下面是一个练习：拿出一张白纸，写下当你拥有了你想要的所有的金钱，你将要去进行、去购买、去拥有或去实现的 100 个东西。别担心你最先写下的，你可以反复修改，加加减减，但至少要写下 100 个答案。

这项练习将改变你的思想和你的生活。它将打开你的思维，让你迎接围绕在你周围的广阔的可能性。它将激励你，激活吸引力法则。写下 100

个目标后，你将触发自己的潜意识思维，它会给你带来即刻就能应用的想法。

让你的目标具体化

得到财富的重要原则之一是，你必须为了财务成就去制定一系列具体的目标。你必须把它们写下来，为它们的实现设定最后期限、候补期限，然后为实现这些目标做一份详尽、具体的行动计划。你不可能击中自己看不见的靶子。

通过分析你当前的财务状况，开始设计自己的财务蓝图。画一张自己的资产负债表，列出你所有的资产和负债。向银行要一张贷款申请单，用它的分类做向导。特别是要确定你今天的财产，假设你要把自己所有的资产都兑换成现金，转移国外。这是一项会让你惊奇的、很有启发作用的练习。

长期目标

一旦知道了自己今天的实有财产，你就要定一个目标，未来的某个时间点财产要达到百万美元、千万美元。白手起家的富豪平均用时22年达到自己的目标。如果你已经累积起可观的净值，那时间就会短些。只要你知道自己从何处起步，同时已经为将来的几年制定了目标，那就把长期目标分配为每一年，然后再把每年分为每个季度。

这些数字会让你震惊，你将有一幅清晰的画面，表明你现在的财产有多少、未来的每年要有多少，还让你知道为了富有，你要日复一日、年复一年地储蓄和积累多少。

为了实现财务目标，你要做些什么？你还要再挣、再存多少钱？从今天起12个月内你想挣多少？下面是一个建议：把你接下来12个月的收入目标定为高于你曾经最高收入的50%。这是一个了不起的起点。

水涨船高的目标

如果迄今为止你最高的年收入是5万美元，那你为接下来的12个月制定的收入目标就可以是7.5万美元。把它写下来，然后列出你在未来一年内，能为增加50%的收入做出的每一件事。把这份清单列到实现它的计划中去，随后立即开始行动。你可以做任何事，迈出你脚下的第一步。今天开始向你的目标前进。在以后的数周数月中，随着收入的增加，再把你的目标定得高些。把它提高，就像你可以在跳高运动中把横杆一次次抬高一样。每次接近它的时候，都要升一点儿，再升一点儿。

一个明确的目标由燃烧的欲望所支撑，开始磁化你的思维，激发吸引力法则。你几乎即刻就开始吸引与目标一致的人物、想法、机会和信息来源进入你的生活。你将找到帮你向目标行进的书籍、音视频、杂志和课程。

有一个重点：明确你向往的结局，但过程要保持灵活。当你得到新的信息和经验时，做好沿途修正的准备。当你开始向目标行进时，很多目标都是以从未预期的方式实现的。保持一种开放的思维。

蓝图的魔力

一旦你明确了自己的目标，写下了实现它们的计划，就要开始设想蓝图的活动，为你的向往之物创作清晰的画面。设想蓝图会激活你的创造思维，激发吸引力法则，让你清楚、集中地达到目标。这或许是你能拥有的加速目标进程最有力的本领。

创建一份清晰的可视化的目标画面，就好像它已经实现。这很重要。你在思维中看见这幅图画的清晰度，与你能多快把目标变为现实之间呈正相关。对应法则认为：在乎中，形于外。

实践"回到未来"的思想。在你的思维中向未来做计划，看见自己正在享受向往的生活。从未来回看今朝，问自己，从现在到两三年内达到想要的位置，你能采取哪些步骤。正像励志演说家丹尼斯·威特利（Denis Waitley）说的："你的想象是你对生活中即将到来的有吸引力的人或事的预览。"

在行动中看自己

用你可视化的能力来看清自己为了目标而实际在做的事情，这被称为"成因思维"。闭上你的双眼，想象为了实现目标，你能采取的不同的、循序渐进的行动。你的蓝图激活了你的潜意识思维。潜意识思维随后下达命令，让你所有的语言和行动都与蓝图的模式相一致。通过设想蓝图，事实上，你为自己的成功预编了程序。

设想蓝图也激活了你的意识，让你释放出更多的潜能。当你设想蓝图时，你会开始接收源源不断的想法和能量去实现那些目标。你思维中的景象越清晰，你的潜意识和意识就会越快地投入工作中，把目标带入你的现实。

加强力量的四个因素

你把蓝图变为现实的速度由四个因素所决定。其一是设想蓝图的长度：你能在心里把这幅画面坚持多久？其二是设想蓝图的频率：你每天要把这幅画面想上多少次？其三是设想蓝图的强度：你的思维中有多少情感与这幅画面相关联？其四是蓝图的亮度：你的蓝图有多么清晰？

你会发现自己可以利用上述因素，提高实现目标的速度。你既可以更长久地坚持这幅画面，又可以每天多设想目标景象，增加频率。你可以通过与它产生更多的情感来加强设想蓝图的强度，或是提高这幅画面的清晰度和亮度。

最好的方式是全面运用上述四个因素。在思维荧幕上反复播放你的目标图像。这样重复的次数越多，你对目标的向往就会越强烈。你越想实现它，就越不会畏惧失败和障碍，失败的可能性就越小。

充满想象力的蓝图加深了你对目标是可以达到的信仰。它提高了你的自信，增强了你的勇气。你在思维中重放自己向往未来图景的次数越多，你就越会成为不可抵挡的人。

创作一幅宝藏地图

你可以用一项技术来提高蓝图的威力，称为宝藏地图。创作一幅海报，把你的目标，甚或你的照片置于海报中心。在中心画面的周围放上杂志、报纸中能支持、提醒自己有关目标的图片和剪报。

每天拿出时间坐下来看看这幅海报。在你的思维中填满它所囊括的积极、令人兴奋的词语和图画。让思维把这些代表你想要或想拥有的东西的词语、图片和景象拍摄下来，包括富裕的景象，比如你想驾驶的汽车、你想住进的房子的图片，再贴上它们的金额。在海报中贴上任何可以加深印象的图片，来刺激你的潜意识思维。你越经常地研究自己的宝藏地图，向它迈进，就会越快实现自己的目标。

自言自语

你会成为自己多数时间想象的那样。当拉尔夫·瓦尔多·爱默生（Ralph Waldo Emerson）写下"一个人会成为他终日思考的那个人"时，他便践行着这个主题。你可以用正面的自言自语或积极的立志宣言对自己的思想、情感和行动施加影响。这个技巧要求你成为自己的啦啦队长，大部分时间积极地对自己说话。

事实是，话语在决定成功还是失败时非常有力。话语有提高或降低心率和血压的能力，它改变你的呼吸节奏，甚至改变你的血液的化学作用。它们可以让你在某一刻突然变得开心或低落。当你对自己说话的时候，用自己选择的语言，使你在成为不可动摇的乐观者与充满畏惧担忧的悲观者之间体现不同。你选用的语言很大程度上取决于你自己。

抵制你的恐惧

人们容易以消极的方式对自己说话。你内心对话的95％都可能是你的恐惧、你的担心、你的问题、你愤恨的人、你的牵挂，等等。你以消极的方式对自己的世界加以解释、说明得越多，你就会变得越消极。心理学家和医生今天都认为，不断地陷入让你不高兴的事情的消极思想，是抑郁症和其他精神相关疾病的主要病因。其实大部分都是没必要的。

你负担不起消极思维的代价。如果你知道了消极的思想能对健康和人际关系带来多大的毁灭，你就会下决心只去思考和谈论日后想要的生活。你不会允许自己去进行或谈论可能对潜意识思维带来消极影响的任何事。记住我说的，每件事情都有价值。

加强肯定

为了取得巨大的成功，你必须控制自己在内心对话中所说的内容与你想要成为的人、你希望实现的最重要的目标相一致。因为你所说的每件事都是对自己未来的预编程序，关键是你要谈论你希望发生的事，而不是此刻可能发生的事。

你能行

对失败的恐惧是成年人生活失败的头号原因。并不是失败经历本身阻挡了我们。每个人都有过无数次失败。如尼采（Friedrich Nietzsche）所说："杀不死我的只会让我更加强大。"在我们着手之前，正是潜在的失败思想或预期让我们失去勇气、令我们退却。

失败的恐惧用语言表达就是："我不能！我不能！我不能！"每当我们想到要做任何带有风险的事和面对某类失败的可能时，通常的反应是："我不能！"这些语言激发恐惧、压力和焦虑的感觉，它会在你的身体上以心跳加快、胃部不适，甚至头疼表现出来。

但积极的支配可以压倒消极的信息。心理学家已经发现，"我能行"这句话真的可以中和"我不能"的感觉，特别是当这些词语在不断被强调时。"我能行"是阻挡我们尝试、让我们畏惧失败的解毒剂。

从现在起，无论你什么时候想到自己可能或正在进行重要的、令你兴奋的事情时，都要成为自己的啦啦队长，一遍遍地对自己说："我能行！"无论你何时对自己想要尝试的事情感到恐惧或疑虑，重复这三个字，疯狂地对自己说："我能行！我能行！我能行！"当你开始说"我能行！我能行！"的时候，你就把这条信息传到了潜意识思维里，去不断地消除可能阻挡你的负面情绪。

挣1000万

你能使用的另一条积极的宣言是："我要挣1000万！我要挣1000万！我要挣1000万！"当你着手自己的日常生意时，将它重复上百次。把这条信息根深蒂固地置入你的潜意识思维中，直到"锁定"。从这一刻起，你所有的精神力量都会日夜为完成这个命令而工作。

你是最棒的

在工作中，要一遍又一遍地重复："我是最棒的！我是最棒的！我是最棒的！"以各种方式把这些积极的话语与自己完成任务的精神蓝图结合起来。**把自己想成是放松、平静、自信和能干的人**。你看见的就是你将要成为的。

重新为成功设计自己

当你第一次对自己说这些积极的话语时，内心可能会感到有一点点奇怪或不适。这种感觉完全正常。它被称为"认知不一致"，每当你的信息与旧程序相冲突时，它都会产生。但当你完全自信地一遍遍重复这些新命令时，这条新信息终会压倒你先前的程序，成为你潜意识思维的新的"运行指令"。

通过以积极的方式不断对自己重复上述三个宣言，或是通过其他任何能赋予你力量或激励你的话语，来改变你思维的化学成分。这些积极的信息会让你的自我感觉很好。它们释放出能量，给你更大的自信。

积极的自言自语让你能完全控制自己的意识。这些话语会让你感到更集中、更清醒。它们给你更强大的个人力量。这就是多数成功、快乐的人训练自己保持积极内心对话的原因。这样做得到的回报巨大。

用精神蛋白喂养你的思维

你应该听说过"吃什么长什么"这句话。同理，你会逐渐成为你思维里的那个样子。为了确保你的外部世界能逐渐反映你内心世界的目标和雄心，精神程序的一个关键是从早到晚用精神蛋白喂养自己的思维。为了让你最好地完成这项活动，你必须不断地实践与财务目标相一致的语言、图像、信息和想法。

把积极、自信地思考财富养成习惯。下面是四种方式。

阅读成功者的故事

阅读有关其他成功者故事的书籍和文章。阅读的时候思考自己怎么能像他们那样。在思维中呈现、想象、幻想、扮演你最崇拜、最尊敬、最希望成为的那类人。记得，每个处于他们领域巅峰的人都是从底层开始的。其他人能实现的，你也能。

心理学家已经证实，若你希望把你想拥有的品质和性格吸引到你的思维中，榜样是必不可少的。选择一个你赞赏的人。当你面对困难时，问自己，在这种情况下，这个人会怎么做？这个人会怎样想？他或她会采取什么行动？你将发现，当你在考虑你的榜样会如何行动时，你自己的思考就会提高，你就有可能最出色地完成工作。

研究你的企业和行业

阅读你能找到的有关你的企业和行业的每一篇文章。成为你那个领域的专家。对于自己的专业、企业、手艺，你学习得越多，你就会越自信地凭自己的能力把它做好。

在车轮上念大学

在你的车里听学习音频。通常情况下，人们每年驾车1.2万至1.5万英里（约1.9万—2.4万千米）。这就相当于普通人平均每年要在车里花500—1000个小时。据南加利福尼亚大学研究人员的估算，在你平日出发要开始自己的事业时，仅在车上收听广播节目，就相当于念完全日制大学。当你驾车的同时，完全可以通过听取本领域内其他专家的音频而成为专家。

参加研讨会和课程

参加你那个领域里专家开设的研讨会，去上对你有帮助的课程。学习每一件你可能要做的事情，特别是来自你那个领域的专家。在课间向他们提问，给他们写信或发电子邮件，阅读他们的著作和文章。比起自学同样的事物，由专家讲授的一堂出色的课程可以为你节省数月甚至数年的时间。

追随领先者

在你的事业和生活中，99%或更多的成功是由你的"参照人群"决定的，它被定义为你工作、生活以及花时间在一起的人。哈佛大学的大卫·麦克莱兰（David McClelland）博士在他的经典著作《追求成就的社会》（*The Achieving Society*）中写道：大家采用的是他们的参照人群的态度、观点、言谈和着装的方式、目标、雄心及世界观。大卫发现，一个人生活和行为的巨大改变是由新的参照人群的形成来推进的。当一个人没有改变或是退回到老旧、无效的行为方式时，那绝对是因为他或她继续与原来的那群人在一起。

现在就决定，从今天起去结交那些积极、成功的人。花时间与那些有雄心、有决心、一定要实现他们生活目标的人在一起。要留在胜者周围，避免与你既不赞赏又不尊敬的人交往。**如果你继续与火鸡厮杀，那你就无法与雄鹰一起翱翔。**

与此同时，远离消极的人，特别是消极的合作者。别与碰巧坐在那里的人喝咖啡。别与站在门口的人共进午餐。别在下班之后与第一个邀请你去消遣的人交往。倘若你在为一个消极的老板卖命，认真考虑换个工作吧。在一个消极的环境中工作，或与难相处的人做同事，会把你往下拽，并且让你精疲力竭。在一个糟糕的工作中与一个消极的老板或同事在一起，足以让你的生活在期望值之下，充满挫折，乃至失败。你的生活太宝贵了，耽误不起。

睡在其上

下面是一个激活潜意识思维、让你成为金钱磁铁的有力方式。睡着之前和早上醒来的第一个小时内，是潜意识思维对新信息和新程序最具接受力的时段。当你利用这两个时段发出命令，会戏剧性地加快吸引你需要的一切进入生活的进程。

每个晚上，在你睡觉之前，把目标想象成现实。把你的目标看作已经实现。想象自己就是你希望成为的那个人，正在做你想去做的事情。看见自己正在享受渴望中的成功。在昏昏欲睡前，把这些欢乐的景象填入自己的思维，然后就是放松，让它们随着你沉睡而去。

当你早上醒来的时候，立即思考自己最重要的目标。想象宇宙中有一个神秘的计划，能让你的梦想变成现实。以断言"相信今天会有些神奇的事情落在我头上"开始一天的生活。

想象你的理想生活

想象的关键是把你的目标看成已经存在。潜意识思维只有通过不断重复宣言及画面才能被激活。就在睡觉之前想象你的目标，想象自己的执行已处于最佳状态。想象即将到来的一天按照你希望的方式进行，想象自己的生活已经是你向往的那种类型。

想象自己与希望的人在一起。想象你的身体在各方面都很健康。想象自己正在驾驶理想中的轿车，住在理想的居所，做着热爱的工作。你越经常地在思维中填入这些积极、欢乐、健康、繁荣的景象，它们就会越快成为你的现实。

黄金时间

最后一条原则可能是成为金钱磁铁、实现一生成功最有力的原则，你每天都要坚持。正如前面提到的，你会成为自己多数时间思考的那个样子。你会成为从早上起床到晚上睡觉，填入自己思维的所有想法、信息和感觉之和。

每件事情都有价值，但有些感觉比其他事情更具价值。早晨起床后第一小时填入思维的想法对接下来一天的思想、感觉和行动都有强大的影响。就像那条谚语说的："良好的开始是成功的一半。"在这让人印象最深刻的60分钟内，你的所读、所想、所见、所言对你的成功至关重要。

价值连城的习惯

你的所为所言中95%的事情决定于你那些非好即坏的习惯。成功的人们拥有良好的习惯，使他们致力于积极、有效的行为；不成功的人肯定有糟糕的习惯，使他们做出那些导致失败的事情。

或许你能养成的最好的习惯就是，每天都为了更大的成功而把一种有思想性的、富有成效的方式置入思维。下面是一个对我和其他成百上千从贫穷走向富足的人都很管用的"套餐"。在评判它是否对你有帮助之前，先下决心试验21天。我对你的承诺是，当你把这些行为实践21天后，你的整个世界将会以今天无法想象的奇妙方式改变。

21日积极心态套餐

1. 从明天开始，在你要去某个地方之前，每天比现在至少早起两小时，把第一个小时投入到自己和你的思维中。如果你每天晨练的话，那就在"精神早操"之后再开始。

2. 在你打开电视、手机，或阅读书籍之前，花上30—60分钟读一些励志的、有启发性或有教育性的内容。早晨置入大脑的第一内容一定要积极、健康，并与你向往过上的生活有相一致的思想。

3. 完成晨读后，拿出一个笔记本，写出你现在的前10—15个目标，就好像你已经实现了。写下这样的目标，比如"我每年挣10万美元""我的体重165磅，体形相当完美""我驾驶的是一辆新款、四门、豚灰色的宝马""我住在一幢美丽的、300多平方米的豪宅里"等。每天早上都重新写下你的目标清单，不去参考前一天的目标。这是非常重要的。

4. 每天提前计划。重新写下自己的目标后，列出你当天需要去做的每一件事，然后按先后性、价值度以及重要性安排一份清单。

5. 在进行别的事情之前，你要立刻开始完成最有价值、最重要的任务。下决心专心致志地集中在这件事上，直到完成它。当你早上开始并完成重要的第一任务后，就会体验到一股能量、满足和自信，这会把你推进到其他的工作中，戏剧性地提高随后一天的工作效率。

6. 当你开车上下班时，收听教育性广播节目。把你的车变成轮子上的大学、一座移动的教室。不听与你的成功不相关的节目。源源不断地在你的思维中填入高质量的精神养料，教育和激励自己竭尽全力。

7. 最后，形成一种紧迫感，加快进度，迅速从一项工作转到另一项。别浪费时间。你行进得越快，你拥有的能量就越多，你完成的就越多，同时你的感觉就会越好。你行进得越快，你能感到的置于自己掌控中的事情就越多，你就越会变得自信、自尊。

工作日的方向盘

黄金时间是工作日的方向盘。当你早早起来，把第一个小时投资给自己时，你会惊异于自我感觉的不同，还有自己将要取得的成就。你将逐渐转变对自己的思考，以及对未来可能性的期待。你将成为一块金钱磁铁，开始享受基于所有努力的成功。

行动练习 --

1. 为自己创作一幅清晰的精神蓝图，就像生活的每一个方面都很成功，把这幅图景与成功的快乐、自豪之感联系在一起。每天时不时重复这一图像，把它与那些情感结合在一起。

2. 从今天开始建造一座你自己的成功图书馆，书籍都是关于成功、业绩，还有你赞赏的人们的成就。每天读上30—60分钟。

3. 留在胜者周围——拥有目标，并向着他们目标进发的，积极、乐观的人。向他们请教，与他们分享你最好的想法。

4. 随时对自己积极地谈话，成为自己的啦啦队长。重复"我能行！我能做任何我想做的事情！"，以此来消除失败的恐惧。坚持这么做，直到你无所畏惧。

5. 每天开始于积极地阅读鼓舞人心的内容，然后重新写出你当前的目标，就好像它们已被实现。练习21日积极心态套餐，直到把它养成习惯。

6. 今天立下实现1000万美元净值的目标。分析自己的起点，制订一个长期计划，为收入、储蓄和投资设置里程碑。今天就采取行动向之进发。千里之行始于足下。

7. 给自己一个提升，比如决定把年收入提高50％。把它作为目标写下来，然后制订一个计划去实现。立刻展开行动，在成功以前永不停歇。

"你可以拥有自己想要的一切——如果你全身心地想要。你可以成为自己向往的任何人，拥有向往的一切，实现你准备实现的一切——如果你全心全意地握住这个向往。"

——罗伯特·科利尔

4

为成功而投资

"总有一个时刻，

重要的机会会到来，当它们出现时，

你必须要站在能抓住它们的位置上。"

——山姆·沃尔顿

如果你真正严肃对待自己的致富之路，着手做事的时机就是现在。财务计划是工具，用它来实现你向往的财务自由。在这章你将学到不同的投资策略，以及如果你想建立足够的资产、富有地退休所必须了解的概念。

财务计划的长凳

财务计划长凳的三条腿是，**储蓄、保险及投资**。让我们从储蓄和保险开始。你需要多少钱？有关储蓄的基本法则是，你应该有足够的钱存在某种形式的短期投资上，用来支付3—6个月的开销。短期投资是你能迅速兑现的财产，比如存款、存单，甚或一些共有基金。

正确地投保

你需要充足的寿险，在你发生意外的时候保护爱你的人。另外，你需要火险、债险、健康险，以及你无法支付的任何可能的财富危急相关的保险。

寿险应放在首位。你应该计算出如果你意外死亡，维持家人的生活标准需要多少钱，然后购买足够的寿险，使其生出的利息足以养活你的家庭。

例如，如果你的家庭每年需要5万美元，投资收益的年金是10%，那么你就要购买一张50万美元的寿险保单，由不可撤销的信托持有，你的配偶和家人成为你的受益人。

在你二三十岁的时候，最好的寿险是定期人寿保险。定期人寿保险年终发行，因为它没有现金累积的价值，如果你身体不错的话，那就相对便宜。

当你进入四五十岁的时候，就需要长期保险了。长期保险更贵些，但它有累积的现金价值，只要你持续支付，一旦投保就不能撤销了。有了长期保险，如果你出现意外，你的遗产将是保单的全部面值。

你应该与一位保险代理商谈谈，充分了解你需要什么，由他或她提供给你不同的选择。但你必须要把保险作为财务生活的一个基本部分。

多样的投资

财务计划长凳的第三条腿是投资。在任何投资中，三个不可或缺的因素是：安全、变现和增长。在这三者之间总有一个平衡。

如果投资有高度的安全性，比如政府债券，那它通常只有低增长率。如果投资有很高的变现能力，比如储蓄存款，那它通常只有较低的利率。

如果投资具有很高的增长潜力，比如对新设企业的投资，那它通常比存款或货币市场基金更具风险，同时完全没有变现能力。这种投资很难把你的钱迅速拿回来。

最具潜力的安全、长期及高增长的投资，通常是极度没有变现能力的投资，譬如产生收入的房地产。这类投资通常要花费更长时间去购买，同时经常要等待很久才能卖出去。

考虑到涉及的风险量，每个人必须选择自己感觉舒服的投资组合。这是你要为自己决定的事情。财务专家把它称作你的"风险熵"。随着你的年纪增长和财务状况的改变，你可以并且应该改变这个风险量。

追寻富人投资的方式

富足的美国人，包括白手起家的富豪，把他们的大部分钱都投在了下列五个方面：

1. 他们自己的企业。
2. 产生收入的房地产。
3. 持有待开发的土地。
4. 短期投资。
5. 股票和债券。

你自己的企业

多数富人和白手起家的富豪都是因开创他们自己的企业而实现财务成功的。为此，多数富人的钱与自己的公司紧密相连。此外，很多大公司的高级执行官都把自己绝大部分的净资产与他们所管理的公司的股票绑在一起。

一份最近在纽约的调查显示，商人、教授、记者、哲学家以及执行官们被问及他们认为一个人把自己在企业或工作中积累的50万美元投资到哪里最合适时，令人诧异的是，最频繁的被选答案是："投资50万美元最好的地点是，要能回到你自己，或你的企业，比第一次挣到这笔钱时做得更出色。"

你在考虑如何挖掘自己的财务资源时，重点关心的应该是风险水平和回报的确信度。如果你的投资不到50万美元，在很多案例中，最佳的投资是完善你的技能，让你比现在做得更好。如果你已经在自己的企业中挣到这份钱，最佳的投资可能是投回到你的企业或是你已经具备高熟悉度和专长的领域。

产生收入的房地产

对于很多富足的美国人来说，投资的另一项重要工具是房地产，包括用于出租的单户住宅，产生收入的办公建筑、公寓建筑、产业公园、购物中心以及其他能够通过出租带来稳定收入流的资产。

数以万计的美国人都是从开创自己成功的企业赚到财富，然后通过在商业房地产中谨慎、系统地投资来巩固他们的财产的。当你花时间谨慎地选择商业房地产，在适当的条件下购买时，这可能是最好的长期投资。

在房地产中挣到你的财富

对于财富和成功来讲，或许没有比房地产领域更加神秘的地方了。你会听到大家说："美国90％的财富来自房地产。"你也会听到人们说："它们不再挣钱。"多数人都说，房产投资是普通人走向财务自由的最稳妥的路线，你可以在口袋里一分钱没有的情况下购买，然后让你的租户为你支付。这样的主张半对半错。

在美国，房地产领域是最富戏曲性、最有竞争力的领域之一，房地产行业里囊括了各个地方最精明、最敏锐、最有经验和最果敢的生意人。同时，每一年，即使在繁荣的市场中，这些人——包括专家们——也会因为错误的决策和投资赔进上百万、上千万美元。

没有免费的午餐

工作和生活中最伟大的真理之一是，世上没有免费的午餐。没有一笔钱是"容易的钱"。想读到轻松实现财务成功的方法，在这本书里你是无处可寻的。毫无疑问，这在房地产中一样适用。当你能用这一信条去做其他生意时，也可以在房地产中做得很好。

如果你想成功，房地产投资不是你可以虚度时光的地方。如果你想建立起一组稳固的投资，必须下定决心长期投入到房地产领域，最少10年。房地产是长期投资的一种形式，需要长期的思考。

房地产的定义

让我们从房地产最简单的定义开始："**房地产是它未来的收入能力。**"这是一个要去认真理解的至关重要的原则。

任何资产的价值都是由它从现在到将来，当其形成最高、最有用的资产时所产生的收益决定的。

全美有百万英亩的土地永远不会有任何真正的价值，譬如沙漠就无法被开发成满足特定人群需要的、产生收入的土地。

当房地产价值下降时

许多大城市的大部分地区的房地产价值正在下降，因为增长和发展已经来来去去，或许一去不返了。每天，人们都在以低于他们支付的价格出售着住宅和所有权，或是丧失抵押品的赎回权，因为这些所有权在收入能力和因此而来的价值方面衰弱了。

在房地产中开始："购买、装修法"

如果你诚心地向往进入房地产领域，作为一名所有者和投资人购买资产，有几种可能进行的方式。"购买、装修法"或许是最简单的方式，也是许多人在房地产领域成功的起点。它是指，购买需要装修的房产，然后装修好去增加价值。

下面是"购买、装修法"的几个步骤：

1. 进行你的调研。

2. 把支付额保持在低点。

3. 搬进去，重新装修。

4. 卖出、租赁，或再为装修集资。

5. 重复这一过程。

6. 形成更大的资产。

1. 进行你的调研

提前进行调研。选择一处你想购买住宅的地区，然后在这片地区寻找房子，直到发现一处比邻居的住宅价格低一些的房子，因为它失修，还需要很多劳动。房地产商管这类房子叫"巧手的特价"。有时，他们在媒体上打广告。人们经常为老房子打广告，说它"需要爱的关照"。对你来说，这类房子是个"沉睡者"。这意味着它对你比对一般人更有价值。

2. 支付尽可能低的现付款

一旦你发现一套比邻居的价格低的房子，并有能力装修起来，就应该用尽可能最低的现付款把它买下来。多数情况下，卖家会允许你以非现金支付，特别是他或她急着搬到别处，想从房贷中解脱出来的时候。如果不能这样，你可以让卖家拿回第二抵押权或是财产的信托契据，金额相当于他或她这套房子的大部分价值（参见《非现金支付的投资》分节）。

3. 搬进去，忙起来

你必须占领这所房子，搬进去，开始晚间和周末的劳动，去把它装修一新，多数工作要自己动手。如果需要的话，你可以参加木工劳作及住宅建筑的课程，购买你自己的工具，从有装修经验的人那里取经，逐渐学会如何自己做。

4. 采取行动把你的投资最大化

当装修完房子和院落使这处房产看起来不错后，就可以接着做下面三件事情之一。

你能以比买价高的价格出售这套房子。然后拿出销售这套房子赚到的利润再购买另外一套，装修一番、粉刷一新。

另一种可能是，以月付的形式出租这套房子，月付款要高过你房贷的月供，给你额外的现金流。

最后，你可以为这所房子重新融资，通常和你支出的钱一样多，这取决于房屋出租时的新盈利能力。你用房客每月支付的确定数额就能得到这处资产的更高估价。银行会借给你钱，或者，你可以根据这个评估价再取得一处新的抵押。

5. 重复这个过程

然后你可以用另一处，或许是更大的房子投资你的"汗水净资"，或是你的人力资金，直到把它装修起来，准备去买、去租，或再去融资。

6. 形成更大的资产

当你增加自己的资产、现金流以及经验时，可以更大规模地，两倍、三倍、四倍，最后甚至以公寓建筑重复这个过程。规则大体相同，只是大小和出租单元的数量更多些。

很多优秀的房地产富商都是从购买一处住宅、个人装修开始的，继而卖掉这套住宅，再买一套更大的，投入时间重新装修，以此类推，最终建造出一个房地产帝国，包括几十套，经常是成百上千的居民单元。

7. "购买、装修法"的优点

这种"购买、装修法"主要有两个优点：首先，这种方法不影响你自己的全职工作，你可以在装修中持续产生现金流；其次，你可以从小套开始，用少量钱或是不用钱，小风险或是无风险，资产随着知识和经验的积累而增长。

非常重要的是，你要记住，购买和装修住宅只是开始一家企业的另一种形式。如果是从小额起家，自力更生，或是因自己的努力而成长，那你成功的可能性就会更大，即使犯了错误，也不会摔得很惨。事实上，购买和装修房子不可能让你破产。

非现金支付的投资

你肯定听说过"不以现金购买房产"的过程。没有问题，不付现金是可能买到房产的，特别是老房子。这是一个真命题。它所需要的是，你要找到一个"有动机的卖方"。他或她是这样一个人：热切地期望出售自己的房子，并因此愿意拿回第二抵押权或是财产的信托契据，而无须你支付任何现金。

1. 离婚促使人们卖房

一个有动机的卖房者可能有不同的动机。通常，一对正在离异的夫妇，他们急切地要结束这段关系然后各走各路，会非常迫切地把房子出手，从房贷中解脱出来。他们会很气愤、很急躁，没有耐心或兴趣等待很长时间去卖掉这套住宅。因此他们会以非常有利于你的条件把房子卖给你。

2. 一位家庭成员的死亡

当户主去世了，这个家庭可能会急切地卖掉房子，把他们自己从日常责任和维持费用中解脱出来。在这种情况下，如果你出现了，提出接管这套住宅，在支付第一抵押权的同时，定期向他们支付第二抵押权的金额，他们通常会把房子签给你。

3. 财务问题或破产

有时，人们宣告破产，要急切地卖掉他们的房子，从而不必再支付月供。有时，人们从国内的一处搬到另一处居住，愿意把自己从房产中解脱出来。无论如何，一个有动机的卖房者是那个愿意接受"不以现金支付"的人，只要他或她能从第一抵押权的偿还和维持中解脱出来。

4. 100：1法则

教给大家不以现款购买住宅的专业人员使用的一条全凭经验的法则，称为"100—10—3—1法则"。这意味着，作为没有经验的房产投资者的你，要看100套房子，然后找到其中10套可以用少量现金或不以现金支付的；在这10套中，你将对其中的3套报价；在这3份报价中，你会得到1家的同意，并购买下来。

换句话说，当你开始以非现付方式购买住宅时，在发现一处具有购买意义的住宅前，要看100套。但如果你有大把时间而金钱不多的话，这是一个神奇的方式，让你在房地产生意里起步。

5. 你如何不用现付购买

让我们打个比方，一套住宅售价10万美元，你可以得到80%的抵押贷款。如果这项财产的卖方愿意拿回一份2万美元的第二抵押权或是一份财产的信托契据，那你就能分文不付而拥有这套住宅。

换句话说，银行会为第一抵押权提供8万美元，卖方会收回2万美元，你将拥有一套价值10万美元的住宅，你欠下10万美元，但你不必花口袋里的一分钱。当然，你要支付第一和第二抵押权，加上伴随这套住宅所有权的税金以及其他一切费用。

6. 让它运转

如果你能周转得开，以足够高的价格把房子租出去，去支付两份抵押权、税金以及其他费用，租户最终将偿还房子的成本，而你可以不用现金就拥有这套房子。

还有一种选择，正像前面讨论过的，你可以搬进这套住宅，边装修边挣钱，然后要么重新卖出，赚取利润，要么以足够高的价格租出去，抵消所有款项的开支，给你正向的现金流。你甚至能根据从租户那里获得的新的、更高的现金流，再到房地产中融资，以这种方式获利。

7. 一个可能的障碍

在不以现付购买房产的方法中，你可能会碰到一个障碍：如果这幢房子的价格在正常楼市中很合理，出售者就不必接受"非现付"。将有足够多的人愿意出现金购买这套房产。这是90%或更高比例的房产交易的形式。

8. 付款是必须的

时刻记住，你必须要有足够的收入去支付抵押权，否则卖方将有权取消抵押品的赎回权，并把房子收回来。

同时，如果把房子租给一个租户，你必须完全确信租户能及时缴纳租金，否则你要支付两份抵押款，或者有失去房产的危险。

不用现付购买房子或财产会有很多陷阱和危险，许多人已经因他们的错误而丧失了全部财产。他们能够不用现付就得到房子，但他们不能承担接下来的付款。更糟的是，他们把房子租出去，承租人毁坏了资产。于是财产的价值下跌，购买者最终欠下比房子价值更多的钱。

承租人是你成功的关键

对于房地产生涯的其他因素，对你很重要的是，你选择的租户或承租人是你作为一个租赁房产所有人成败的关键，无论是住宅的还是商业的。租户确实有时会毁损租赁财产。当你决定要进行房地产投资的旅程时，必须非常小心地选择你的租户。你必须仔细地查阅他们的背景，特别是他们先前租赁房产的历史。**不经意会导致伤亡。**

持有待开发的土地

很多富裕的美国人都把他们的钱储存在有待开发的土地上。他们在发展中的城市里购买郊外的土地，那里有我前面提过的许多积极的经济动力。随着城市发展扩大，土地会增值，直到最终为了开发而被购买。这样，土地的价值时常会蹿升几倍。

水源是基础

在考虑购买未开发的土地时，有几个因素。首先，也是需要考虑的最重要的问题是："水从哪里来？"只有具备足够的水源供给，土地才会被开发。仔细考察这一项。

人们如何到达那里?

购买未开发的土地时,另一个需要考虑的问题是交通。到达那片土地有多便利? 高速公路和铁路建成后,打开了很多地区,让更多的人口能通向那里,土地价值也就迅速攀升。很多人是通过开发前几年购买的土地而发家致富的。当住宅、学校和购物中心的需求到达那里时,土地的价值就会上涨10倍、20倍。

人口中心附近

任何想购买尚未开发土地的人都应该考虑在人口中心附近购买。土地的价值是,它必须能为某类人提供服务。这些人会从哪里来?

只有当地人口增加的时候,尚未开发的土地才会增值。一些土地永远无法增值,因为它缺少水源、通往它的道路,或人口压力。

短期投资

富裕的美国人也把他们的钱留在一年期的存款、短期资金市场和其他支付利息的短期投资里。重要的钱通常不是投机的钱,它是谨慎、保守的。它是经过时间慢慢挣到的,被投入到保持财富的目标中。

股票和债券

富人购买优质的股票和债券,通常是长期的。股票市场中认真的投资者被称为"价值投资者"。他们仔细考察一只股票,然后根据潜在的资金价值购买它。他们持有长期股票，忽略股市每天的起落。巴菲特是这类投资者的最好例证。

你可以选择的投资

让我们假设，你有充分的保险和足够支付你3—6个月开销的积蓄。适当稳妥地运用你的资金，你现在就能看到随着积累可以投资的几个地方。

在哪里保守地放置你的钱

有三个地方（除了储蓄存款）可让你以高安全度和高变现力放置你的财产：短期资金市场，存单以及政府储蓄债券。

短期资金市场

短期资金市场你的银行就有提供，它比储蓄存款的利息高。短期资金市场要求一个最低值的存款余额。它们也相当有竞争性，所以你应该去比较，看看不同银行的报价。你存款账户的余额一旦超过1000美元，就可把这笔钱转到利息更高的短期资金市场中。

存单（CD）

你可以考虑的另一个储蓄工具是存单（CD）。有由银行发行的，还有其他金融机构提供的储蓄和贷款，期限从30天到10年不等。你把钱锁定在存单的时间越久，你将收到的利息就会越高。

存单的缺点是，如果你需要在到期之前把钱取回来，就会有很重的罚金。你应该在购买存单之前考虑清楚这一点。

存单比短期资金市场的利息更高，也是放置你的财产的安全地带。然而，它们都不如第三种选择灵活，即政府的储蓄债券。

政府储蓄债券

政府储蓄债券是最保守的投资，安全性高，支付合理的利息。你任何时候需要拿回钱，它们都是可以兑现的。它们由发行政府的全部信誉作后盾。换句话说，你不可能在政府储蓄债券上赔钱，除非整个国家破产了。

这三类是你投资3—6个月的最完美的地带。你会以绝对保险和安全的本金得到高额回报。

投资于股票市场

当开始挣到和存下超过你短期开销和保险的钱时，你想探索的下一个地带就是股市了。在美国有三个主要的股票市场：纽约证券交易所，美国证券交易所以及纳斯达克。这些市场由执行官和董事会操作，他们主要来自在这些市场中交易的投资公司和经纪公司。

股票经纪公司是在各自的交易所集合起来，为公开交易的股票和债券建立一个市场的公司。你可以通过股票经纪公司，要么像美林证券（Merrill Lynch）那样有办公室的公司，要么像美利坚证券（Ameritrade）和嘉信理财（Charles Schwab）那样的在线公司，去买卖上万只不同的股票，还有上百种共有基金。

普通股

你听说和读到的股市里大部分交易被称为"普通股"。一家公司的一只普通股，代表那家公司所有权的百分比。股票所有者的身份，让你有权利去分享那家公司的风险和报酬，无论是上扬还是下滑。

你对一家公司的所有者权益与你所拥有的这家公司发行股票数量的股份成正比关系。例如，如果公司发行了100万股，你拥有1股，那么你就有权得到这家公司利润或损失的一百万分之一。当你购买一只股票时，只要持有它，你实际就成为那家公司的所有者。

与专家打赌

如果你正想进军股市，告诉你几个要考虑的重要因素。首先，为了能购买到一只股票，就要有人愿意卖出他自己的那份。每一次发生交易，股票的卖方都在打赌股票将下跌，或至少不再上涨。买方在与卖方打赌，相信股票会上涨。从这种意义上讲，股市交易是一场零和游戏。每一个买方或卖方都在用他或她的知识与别人打赌。

除非你具有专业的股票知识，一般说来，股票市场的高手都是那些把股市当成工作的人。对你而言，相信自己能够战胜他们的想法是很危险的。专家肯定拥有非常多的时间和经验，而你无法做出比他们更好的决断。或许在某类共有基金上你的情况会好些。

指数基金

当今最流行、最大量的共有基金（参见本章后面的《投资于共有基金》一节）被称为"指数基金"。这些基金在标准普尔500、威尔希尔

5000，或一个特别产业中购买股票横截面。这些指数基金几乎与整个市场的起落方向一致。在80％的案例中，指数基金要胜过最精明最具经验的股票经纪人或共有基金公司的投资经理。

预期影响市场

股票价格主要是由市场中的购买者对公司发行股票的未来获利能力的预期决定的。因为预期是飘忽不定的，随着每条信息而不断起落，股票价格可能在短短几天或几小时内就有巨大的起伏。

对你而言，知道世界上最优秀的金融大脑每周要花40—60个小时研究股市，做投资推荐，这很重要。尽管这些股市专家全身心关注股价，仍有超过50％的推荐最终被证明是错误的。你要知道，来自金融专家的建议只是一系列受过教育的猜想。

股市投资花费时间

仅是避免出错，且不说正确地选择股票，你就必须花去大量的时间和精力研究市场。你必须研究股市内的单个产业，研究那个产业里你正考虑投资的单个公司。幸运的是，凭借网络，你今天比过去得到的信息多多了。但在购买一只股票之前，你还是必须要做功课。

逆向原理

你会听到股市里有两个著名的概念：逆向原理和"更大的傻瓜"原理。逆向原理是说，购买一只股票的最佳时机是当没有别人想要这只股，或是当别人都在卖出它的时候。这个方法半对半错。有时，当别人在卖股票的时候，是有非常充分的理由的，你也应该卖。

然而，当你考虑何时何地在股市投资时，逆向原理是手边一个很有价值的工具。有时，投资者可以在失宠的股票中捡到真正的便宜货，但再说一遍，你必须做功课。

世界最富有的人之一，也许是历史上最成功的股市投资者巴菲特说，人们在除了股市投资以外的每一个角落寻找折扣。他通过不断寻找在固有价值之下的股票交易而聚敛财富。他找到这些股票、推动它们、下大赌注的能力使他和成千上万人变得极其富有。

"更大的傻瓜"原理

你将听到的另一个概念，即"更大的傻瓜"原理，就是在股市的繁荣期握住股票。这个原理是说，无论你用多少钱买下股票，你都不必担心，因为"更大的傻瓜"必将出现，会付比你更多的钱。"更大的傻瓜"原理的问题在于，股市里的傻瓜终有一天会走光。大家从那刻起开始抛售股票，市场就会回转，走向另一个方向。当越来越多的人急着卖出股票时，一个恐慌时期就会到来，整个市场可能严重下滑。

在高科技和网络经济开始繁荣的20世纪90年代，"更大的傻瓜"原理受到报复，人们开始以现在回顾起来很可笑的价格购买股票。从未生产或销售任何产品的新品牌公司会做IPO（首次发行新股），人们遵循"更大的傻瓜"原理，在一天之内就把股票上扬几个百分点。即使是最聪明、老练、保守和富有经验的商人和投资者也都卷入"更大的傻瓜"原理，赔掉了巨额资金。别让这种事发生在你身上。

"更大的傻瓜"原理也适用于房地产。如果你听某人说某楼盘的趋势一定是上涨的，那你要么别买，要么尽快卖出去。世上不存在绝对安全、有着高潜力回报而无下跌风险的投资。

金融销售代表

下面是一条重点。为股票经纪公司工作的销售员得到的是直接佣金。他们只销售上级告诉他们要出售的股票。与你在电话里说话的那个人对他或她所推荐的股票通常只了解一点点，或一无所知。他们的工作就是每天接听200通电话，去销售他们的经理那一天让他们推销的股票。

多数金融销售代表都不是投资建议的合适来源。如果你采纳他们的建议，你就必须知道自己是在闭着眼睛掷骰子。你在用自己的金钱做赌博。

1. 核对别人的经验

我的一个好友是身家几百万美元的富翁，他经过多年的辛勤工作、储蓄和投资赚到了钱。投资顾问经常接触他，向他推荐他们正在销售的产品。有时，他邀请投资顾问过来，进行私人的拜访。

在见面的时间里，我的这位朋友询问投资顾问本人的净资产。他说，他不相信从资产比他少的人那里得来的建议。此外，他想知道那些人有多熟悉自己推荐的产品。

几年下来，我的朋友发现，投资顾问对自己推销的产品知之甚少，他们并没有购买自己推荐的任何投资产品。我的朋友从未找到一位在财务上与他一样成功的投资顾问。

谈话结束时，多数投资顾问都承认投资他们的产品是不明智的。他们离开了，并极少再与我的朋友联络。

2. 谁挣到这份钱？

这个故事中有一个真相对你很重要。在股市里赚到的几乎所有钱都是销售代表买卖股票抽取的佣金，鲜有例外。极少钱是由真正的投资者挣到的。

在对1500名男女22年的跟踪研究中，有83位成为富豪，研究者发现，调查中没有一个人是通过投资股票而致富的。事实上，研究中的多数人经过22年的工作后仍然在为财务苦苦打拼，主要原因之一是，他们把自己储蓄的太多的钱赔进了销售代表推荐的股票里。

要记住的另一点是，当股票市场衰落或金融市场下滑时，那些给出投资建议的人经常大批地加入失业大军里。他们经常发现自己不会被雇用了，没有雇佣价值了，或是要到其他领域里工作。

这不是说在财务计划和投资咨询行业中没有优秀的、诚实的先生和女士。我只是想说，在那个行业中存在大量给出危险建议的人。

记得，关于金钱，唯一轻松的事情就是赔掉它。但如果你有兴趣在股市中成功投资，那还是有很多好的建议提供给你。

一位富豪的投资策略

伯纳德·巴鲁克是历史上股票市场中最成功的投机者之一。第2章提到过，他从在华尔街跑堂开始了自己的职业生涯，最终成为最富有、最受尊敬的美国人之一，同时还是六位美国总统的顾问。

在他的作品《巴鲁克：我的故事》（*Baruch：My Own Story*）中，伯纳德给出在投资之前，评估一家公司的股票永不过时的建议。他选出三个因素。

1. 调查实有资产。调查这家公司的资产、超出它负债的现金以及实有资产的价值。学习如何阅读一份财务报表，好让你能清楚地了解这家公司的资产和负债。记住，你正在考虑为那家公司的股份投入一定量的金钱，你需要明确知道自己正在购买的是什么。

2. 这家公司是做什么的？一定要问："这家公司的产品或服务是人们

想要或必须拥有的吗?"在考虑向一家公司投资时,最重要的时间段是未来。任何公司的未来都由它今天产品或服务的好坏,以及它们在未来的需求量所决定。例如,麦当劳多年来都有非常不错的股票,因为它的销售持续不断,需求量通常都在增长。

3. 研究管理水平。评估一家公司股票的另一个方法是,评定它的管理质量。在评估公司的未来是否能增长时,这点特别重要。今天,那些投资新公司的风险资本家,都把公司的管理质量看作是投资成功里最重要的决定因素。如果正确的人执掌公司,他们就会在多数案例中找到让公司成功的道路。

投资成功十法则

以下是伯纳德·巴鲁克获得的十条法则。对于每一个在股市中违反这些法则的人来说,未遵守它们就是赔钱的原因。

法则1 "除非你能把它当成全职工作,否则别投机。"记住,你所做出的每一个决策都是在与一周研究股市长达40、50和60小时的人打赌。

法则2 "提防任何带来'内部信息'或'小道消息'的人。"在股市赔钱的头号方法是,按照从其实不知道自己在谈论什么的人那里得来的小道消息行动,比如出租车司机、酒吧间招待、理发师甚至你工作中的亲朋密友。

法则3 "在购买有价证券之前,得到你能找到的有关这家公司的所有信息,包括它的管理和竞争对手,它的收益和增长的可能。"要耐心、自律、客观、理性。在投资之前花时间去调查。

法则 4　"别试图在最低点购买，最高点卖出。这不可能实现——除非骗子。"当你买下一只股票时，定下你要出售的价格，当它达到那点时，别贪心。你可以用电脑程序去设定一只股票的"出售"价格，当股价升到那一点时会自动卖出。事实在于，当你有盈利的时候，你永远不会破产。

法则 5　"学习如何快速干净地止损。别指望永远正确。如果你已经犯了错误（你看见一只股票正在下跌，把它卖了出去），尽可能迅速地减少你的损失。"

在股市中减少损失的最佳技术被称为"止损"。在你持有的这只股票最高价之下 8%—10%，运用止损技术设一个定价卖掉它。例如，如果你以每股 25 美元购买了一只股票，就可以把止损价定在 23 美元（大约低于你购买价的 8%）。如果股价上涨到 30 美元，就把止损价移到 27.50 美元，即略微低于你拥有的这只股票最高价的 8%。只要股价降到这一点就会自动售出。如果严格地执行，运用止损技术就能将你的损失最小化。

法则 6　"别买太多不同的有价证券。最好只有几种值得关注的投资。"谨慎购入而不是拥有太多。多样化确实可以分散风险，但如果你的一只股票迅速升值，它也会减弱你可能拥有的重大盈利机会。

法则 7　"定期对你所有的投资做重新评估，看看变化的形式是否改变了它们的前景。"使用"**零基思想**"。当你得到新信息时，经常要问："如果我没有购买这只股票的话，现在知道了这条信息，今天还会购买吗？"如果答案是"不会"，那就是你抛出的信号。

法则 8　"研究你的课税情况，了解何时抛售可以给你带来最大的好处。"了解用于你交易中的资本收益税。记住，有价值的唯一数额是税后所剩的。创造资本盈亏的股市买卖时机是你应该通透掌握的一个领域。

法则9 "总要留有一部分现金储备。永远不要把你的资金都投出去。"如果你随时保有现金，你就会站在利用不可预知的机会的有利位置上。无论市场中发生什么，你都有紧急储备作为缓冲。

法则10 "别试图去当所有投资的千斤顶。坚持你最了解的行业。"最成功的投资者通常是挑选一个行业，致力于对那个产业的公司了如指掌。选择一个感兴趣的行业，你就会享受到和它与时俱进的乐趣。

成功的投资者的经验

多年来，数以千计的成功者接受访问，试图解开所谓的成功奥秘。下面是他们的一些推荐。

第一，如果你丝毫不担心自己的投机买卖或投资，那么你冒的风险就还不够。你应该把足够多的钱投进去，这样你才可能上心。当因投资的数量多而把感情投进去之后，你做出正确决断的可能性就大得多，你也会更加仔细地关注那项投资。

第二，总是迅速拿回你的利润。像伯纳德·巴鲁克说的："战胜贪婪。"股市中有条名言："牛赚钱，熊赚钱，但傻猪从来不赚钱。"

第三，别相信任何号称能预言未来的人，因为所有的金融结果都充满了不确定性。这意味着，每一笔投资都是某种赌博。没人能精确地告诉你关于任何股票或投资未来将要发生的事情。所有人都在用他所知道的最佳方式进行猜想。

第四，当船开始下沉时，别做祷告。跳出去。换言之，把愉快地接受小损失当作投资生活的事实。最佳状况下，也要有大约50%的投资是错的。它们的价值总有下跌的时候。它们不会达到你对它们的希望和期待。但如果你在衰落期把损失减到最小，好让你的利润在上升阶段最大化，你就依然可以在投资上获得成功。

第五，运气是投资成功中最强大的因素。因为在股市里没有可以预言的投资模式，对你的成功来说，需要许多运气。给你一个好问题："我愿意把自己多大的财务未来托付给运气？"

第六，永远别与一种投资"坠入爱河"。永远不要对你购买的、任何以挣钱为目的的投资陷入感性。这项法则也包括房地产，特别是你的住宅。很多人都爱上了他们的投资，不愿承认他们犯了错误。结果，这些投资带主人滚下地窖，往往让他们受挫数年。

第七，永远不要混淆预感与希望。许多人希望一个特别的股票或投资是优秀的。于是他们说，他们有种非常好的预感，这项投资将上涨。有意识地把你的预感与希望区别开，别混淆了两者。

第八，乐观主义意味着期待最好的结果，而自信来自知道如何控制最坏的局面。换言之，自信源自建设性地使用悲观主义。

我向你推荐的方法是经常问："在这种情况下，可能发生的最糟糕的事情是什么？"总要愿意去面对最坏的结果。曾经是世界最富有的人J.保罗·盖蒂（J.Paul Getty）说，他投资成功的奥秘在于，在进入之前，客观地估计任何一笔交易的可能的最坏结果，万一发生，就展开一切可以保护自己的行动。这就是你在每项投资上都设定止损点所要做的事情。

第九，别管大多数人的观点。独立思考每一个决策。别让你的投资决策被别人影响。亲自花时间去思考它们，然后对你所做的每一个选择负全责。

第十，如果第一次没赚，忘掉它。根据你拥有的信息，如果你决定投资在一只股票上，但未果，那就把它卖出去，继续别的。一个非常富有的人曾经告诉我："投资机会就像公共汽车一样，总会过来另一辆。"

上述建议是由许多在股票投资中最成功的人实践过的。记住，股市具有极高的投机性，它由为别人买卖股票为生的人统领和控制，哪怕是这些人每一天也都会出错。

在股票市场中，没有安全可靠的赚钱方式。如果你打算投资股票，小心为好。随时做好你的功课，关注你的投资。

投资于共有基金

有一种方法是以最小的风险投资于股市，就是投资共有基金。共有基金是一个资产池，由数千像你一样的个人投资组成。这些钱被用来购买多样化的股票组合。共有基金由专业的资金经理运作，他们做出有洞察力的投资决策。这些人把他们的全部时间都花在股市里。

共有基金由共有基金公司自己直接卖掉，也会通过股票经纪公司、投资顾问、银行、储蓄、贷款，以及其他渠道。有上千种投资可供选择，它们所有的业绩都有据可查。实际上，当股市处于繁荣期时，它们中的一些在赔钱，当股市下跌时另外一些在赚钱。再说一遍，这是你投资之前必须调查的领域。

有佣与免佣基金

从成本因素划分，有两类共有基金。第一类被称为有佣或负担基金。在负担基金中，你要支付一定比例的佣金，它来自你投资的钱。这笔佣金的大部分由那个首先卖给你这份共有基金的人获得。这就是基金公司付给他们销售员报酬的方式。

用有佣基金，你投资的余额被放入股票中。收取一定比例的佣金理由是，如果这笔基金被良好地管理，你就能在合理的时间内把它们全赚回来，或许更多。有时你能，有时你不能。

还有免佣基金，即无须支付佣金，通过不同的媒介就可以购买的共有基金。你的资金的100%都用来投资。

很多公司提供有佣基金和免佣基金。结果看来是，在有佣和免佣基金之间投资回报的差别微乎其微。两种基金似乎都被管理得很好，成绩也相差无几。因此当你购买共有基金时，没有必要支付佣金。长期来看，结果可能别无二致，但如果支付佣金的话，你在投资开始时就损失了可观的一笔。仅仅为了把原始投资拿回来，就要花去一年或更长的时间。

投资共有基金需要考虑的关键事项

当你想在共有基金中投资时，应该考虑几个因素。当你做出选择和决策时，要把这些考虑因素牢记在心。

第一，除了精选案例以外，过去的业绩极少能作为未来的风向标。如果你的共有基金是成功的，它通常会吸引大量的新资金。很快，它就变得硕大无比，投资的钱就不会得到原先让它成名的增长率。到你听说有一种共有基金很成功时，通常已经太晚了，你的投资进入其中不可能再享受可观的增长了。

第二，有些共有基金管理公司拥有长期高于平均水平的成功和增长纪录。在股票市场的好年份，一个特定的共有基金的增长率达到20%、30%、40%，甚至50%都不足为奇。通常，大量共有基金都能实现数年在市场回报率之上。

第三，不考虑共有基金投资的利弊，对于普通人来说，在股市里最好的投资地点就是一个精选的共有基金。因为它持有多样化的股票组合，下跌趋势是有限的。遗憾的是，在多数案例中，上涨趋势也是有限的。多数共有基金与整个股票市场的行进是一前一后：当股市上升时，基金的价值上涨；当股市下跌时，基金下滑大约相等的百分比。

第四，与股票一样，共有基金的一个优点是，它们具有高度的变现能力。如果你需要把钱拿回来，可以卖掉自己的任何股份。如果你急需钱，通常能在72小时之内迅速得到现金。

第五，或许是最重要的，共有基金的投资不会占用你在你的职业和你的企业中的注意力。一旦你有兴趣在共有基金里投资，你就能继续进行自己其余的生活和工作，至少在短期内，不必再考虑你的金钱。

投资的不同方式

人类进行的其他投资有不同的记录和历史。

贵金属

你可以投资到金、银和其他贵金属中。这些是不稳定和危险的工具，通常由可疑的人出售作为通胀对冲，基于对价值潜在增长的可疑预测。

通常，当考虑金、银和其他贵金属时要特别小心。世界上一些最精明的人每年都在交易这些金属。我对你的建议是，彻底避开金、银和贵金属。

古董和收藏品

另一种投资是由古董、波斯地毯、钱币、邮票以及其他收藏物（比如棒球卡片）组成的。这类投资的价值偶尔的确会增长，但更真实的是，它们的价值也会下跌，而且更为经常。

在这些交易中赚钱的人把收藏品卖给其他人，而不是握在手中。除非你是专家，否则这不是你投资的领域。

面值1美元以下的所有股票

许多人在燃油股票、矿业股票以及面值1美元以下的股票上投资。一方面，在汽油、矿业股票市场有非常可靠的操盘手，但另一方面，在这类投资中也有许多可疑的股市骗子。

对于面值1美元以下的股票，这类股票80%—90%永远不会回升到它们的首发价格。它们是国内投资资金的最大浪费。如果有人打电话告诉你一个奇妙的1美元以下股票成功的故事，请挂上电话。

日用品

我们还听说过另一种投资是日用品。在日用品市场里做交易是最大的赌博之一。著名的股票经纪公司在接受你的投资之前，要求你向他们证明，你有至少2.5万美元可以赔进去。你要确认一件事：你真的打算赔进2.5万美元！

即使世界上最老练的日用品交易员，每天也都会赔钱。远离日用品投资，除非你愿意把它作为生活中全部的志向，并且有很多钱可供学习这个领域的知识。

谨慎地守护你的钱

对于所有投资类型而言，你的主导规则必须是：不要赔钱。最好把你辛苦挣来的钱放在保本的账户里，而不是把它赔进愚蠢的投资中。

一项又一项研究显示，如果你只把钱放在精选的共有基金进行增值，并且让它在你的工作生涯中获利翻倍，你将比除了你自己生意之外的几乎任何其他投资都走得更远。

富人几乎总是很保守地对待金钱。他们把负债保持在最低水平。他们小心地管理自己的钱，在把风险降到最低的同时，继续寻找新的增值方式。

向富人学习，做他们做的事情。追随领先者，而不是追随者。记住，致富的第一步是要去挣钱，第二步是要坚持住。重要的不是你挣到多少，而是你保住的价值是多少。要果敢、谨慎。

行动练习

1. 开设一个特殊的账户，开始把它积累起来，直到你有了3—6个月的储备。这项行动将以非常积极的方式改变你的性格。

2. 与一位保险代理商坐下来，向他或她请教你保护自己遇到任何意外灾害所需要的保险种类和数额。当你正确地投保后，你对自己和生活的感觉会好很多。

3. 找一名在线经纪人开一个账户，谨慎地投资你的钱，从一个短期资金市场开始，然后向一个精选的共有基金挺进。投资大公司的股份会改变你看待金钱和企业的方式。

4. 在购买个股之前做好功课。在投资前进行调查，然后买进你有信心的公司和行业的100股（一手）。这会给你无价的经验。

5. 订阅报纸杂志，其目标读者是严肃对待自己财务未来的人，比如《福布斯》（*Forbes*）、《财富》（*Fortune*）、《商业周刊》（*Business Week*）、《华尔街日报》（*The Wall Street Journal*）、《投资者商业日报》（*Investor's Business Daily*）以及《金钱》（*Money*）。你要与时俱进。

6. 开始积累现金储备，用于房地产的投资。选择一处你开车就能到的住所，永远别要太远的。

7. 考虑开创一家你自己的企业，如果你还没有做的话。通过建立一种金融基础，你正躺在自己致富道路的地基上。

"'未来'有几个名字。
对于弱者，它是'不可能'。
对于懦夫，它是'不知道'。
对于深思和勇敢的人，它是'理想'。"
——维克多·雨果（Victor Hugo）

5

Getting Rich
Your Own Way

白手起家

"事实上，围墙那边的草地并非总是绿的。

完全不是。围墙对它来说一无是处。

被浇灌的草地才是最绿的。"

——毛姆（W. Somerset Maugham）

当我开始生活时，我对自己非常愧疚，因为我没有钱。我读过的流行论调认为，在美国，生活是不公平的，因为一些人有钱而另一些人没有。他们暗示，如果你起步时没有钱，那在日后的生活中你就很少能碰上成功的机会。

正在那时，发生了一件意义深远的事情，改变了我的思想。我发现典型的美国人都是白手起家。追溯到开国元勋们最早的辩论，一般都认为人们来到这个国度时只有一点点钱，或一无所有，要从刨地做起。基于这个原因，美国的宪法体系是在商法的框架中制定的，以便于任何人从任何地方开始，只要努力工作、攒下自己的钱、在工作生涯中聪明地投资，成功就是可能的。

金色链条

当我进入30岁，尽管有过短期的成功，可从没有任何多余的钱能让我向财务自由进军。似乎总有足够的账单和开销吸走我挣的每一分钱。我总是债务缠身。我从没动过要在财务上爆发的念头。

即使是出现了一个巨大的商业契机，我也无能为力。因为我没有钱，没有自由。我被囿于雇佣关系的"金色链条"中，无法解脱出来。

当我开始研究财务成功和白手起家的富豪时，发现在我周围所有人的情况几乎都与我一样。好像没人有钱，每个人都身负债务。看上去所有人的大部分时间都在为金钱担忧。成为真正富有的人就是一个遥不可及的梦想。你现在可能有相同的情况，账单和负债比现金或资产要多。

统计数据是可怕的

在这本书的前面我已经提到了，有关财务成功的统计数据有点儿可怕。根据保险行业的统计数据，今天，在100个达到退休年龄的人里，只有一个人会是富人，4%的人会达到财务自由，15%的人有存款，但另外80%的人将依靠养老金过活，仍要工作，或是身无分文。这发生在历史上最富裕的社会阶段里。怎么会这样呢？

有两个主要原因可以解释人们为什么无论在工作中赚到多少钱，仍会在退休的时候很穷。首先，他们从未下决心要在退休时富有。他们但愿、希望、祈祷，但从未做出一个坚定、明确的决断，他们要变得富有。其次，即使他们下决心要在退休时富有，他们也拖得太晚。他们总有些推延的好理由。

走向财务成功的四部曲

如果你真心想要打败不平等，实现财务自由，退休时富有，那么有四个步骤可以遵循，都以字母"d"开始。

你必须真的想要

第一步是向往（desire）。你必须极度向往财务成功，做出一个不可动摇的承诺，去实现它。为了享受长期的财务成功，你必须愿意做出短期内的牺牲。为了摆脱财务束缚，你必须愿意延期和推迟满意度，以及舍弃在新车、新衣和小玩意儿上的开销，取而代之的是储蓄，投资你的钱。归根结底，你能实现目标的唯一真实的决定因素是愿望的强度。如果你极度向往，那你肯定会实现它。

你必须做出一个决定

第二步是决定（decision）。你必须做出一个决定，现在，去做实现财务自由所需的任何事情。你必须愿意为实现财务自由而付出任何代价，跋涉任何旅程。

你必须下定决心

第三个"d"代表下定决心（determination）。不论你将经历任何艰难困苦，必须下决心坚持，直到成功。无论被击倒多少次，你必须准备让自己爬起来，继续前进。下定决心和坚持不懈或许是财务以及个人成功所需的最重要的品质。

你必须让自己去做

第四个"d"代表自律（discipline）。你必须约束自己，一个行动接着一个行动，掌控自己，养成为了实现财务自由所必需的习惯。你要约束自己早点儿起床，工作努力一些，在单位待的时间久些。你要约束自己学习为实现财务目标所需了解的一切。无论经历多少挫折、失望和暂时的错误，你都要约束自己坚持不懈。

在四个"d"上给自己评定一个等级，比如1—10。你可以通过衡量自己在这些品质上的等级，预测未来的自己将有怎样的成功。无论你的分数怎样，无论什么时候需要这些品质，下决心通过实践来提高每个方面。

成为富人的五种方式

根据对美国富豪超过 25 年的研究，你从白手起家到最终致富有五条路可走。

继承财产

你可以通过继承财产致富。不到 10% 的美国人继承了他们上一代所有或部分的财产，这个数字每年都在减少。越来越多的美国富人是第一代，就是说，这些钱完全是由拥有它们的人亲手挣来的。

成为一名专业人员

你可以通过成为专业人员实现富有。你可以成为一名医生、律师、建筑师、工程师、会计师，或从事其他需要长时间的、正规的大学教育，然后数年辛勤的工作和实践的职业。作为一名专业人员，你会非常擅长自己所做的事情，因此得到丰厚的报酬，然后谨慎地储蓄和投资你所挣的钱。

在专业服务中，一个人通常只能在他或她工作的时候挣钱。在一个专业服务的岗位上，像医药、会计或法律，很难建立起净资产或结余的收入。有时，你可以出售自己的专业，可一旦停止工作，收入也会慢慢停止。

基于这个原因，成为富豪的专业人员几乎都把他们的高收入放到其他投资中，比如房地产、股票、债券和商业投机，当他们停下个人的工作时，最终还能产生现金流和红利。

成为一名执行官

成为一家大公司的高级执行官可以让你实现财务自由。你可以因受到良好的教育进入一家大公司工作，通过逐级升迁，爬到高级执行官的位置，在你的工作中得到丰厚的待遇，然后因股票选择权和投资致富。

"雷击"

在美国，有时人们是通过不平常的偶发事件致富的。他们赢得彩票、写了一首火爆的歌曲或是一本畅销书，发明了一种应时的产品或服务，当上成功的演员或艺人。这些人的故事充斥着报纸、杂志、广播、电视和网络，但他们只占美国富人中不到1%的比例。

你赢得彩票的概率相当于两年内在同一地点出现两次雷击，只有百万分之一。在任何时间段里，都有95%的演员都没有被雇用。他们中只有少数几个人每部影片能挣百万美元。多数艺人的报酬都很低，而且处于失业状态，即使红极一时，其中的大部分人在退休时也很贫困。他们花钱的速度与挣钱一样快，然后在职业生涯结束时一无所有。那就是为什么他们总说："来得容易去得快。"

创业

也许你可以完全通过开创自己的企业，挣到你的财富。对于多数白手起家的富豪来说，开创自己的企业一直是致富的大道。74%的美国富人是成功的企业家。

企业提供的机会和敞开的大门比其他所有创富机会放在一起还要多。这就是为什么说，如果你有能力开创自己的企业而不去做，那你就是傻瓜一个。

在本书接下来的内容里，我要与你分享你能在不同领域运用的，实现财务自由的诸多理念、方法、技术和成功体系。这本书里的每一条理念或建议都让成百上千的人成了白手起家的富豪。你能运用接下来的理念实现什么完全取决于你自己。它完全依赖于你个人意愿、决定、决心和自律的强度。

财富的起点

西奥多·罗斯福（Theodore Roosevelt）曾经说过："就在你现在这个地方，用你拥有的，做你能做的。"如果你像多数人一样，开始于身无分文或区区数元，那么你从哪里开始？答案是，从控制自己的财务开始。

记住，"赚钱需要钱"。对于财务成功来说，关键的不是金钱，而是你为积累金钱必须拥有的性格品质和自律习惯。只有当你能把自己低水平的财务控制住，才证明你有能力管理，并把金钱增长到更高的水平上。先学会走路才能跑。

首先为自己存钱

乔治·S.克拉森（George S.Clason）很多年前写过伟大的成功经典《巴比伦最富有的人》（*The Richest Man in Babylon*）。他的中心理念在今天依然正确。这本书是关于财务成功的初级读物，因为里面的原则简单、直接、有效。

克拉森在整本书里说，对你而言，财务成功的起点是，"先为自己存钱"。你要拿出每次挣来或收到的资金的10%，存在你的财务自由账户中。一旦把它存起来，就永远不要动用或为任何理由花掉，除非用于投资，增加价值。

在你已经把收入的10%存起来之后，学习用收入的90%或是更少去生活。幸运的是，人类是习惯的动物。此时此刻，你要养成用收入的90%或是更少去生活的习惯。从那一刻起，你的财务成功就有了很大的保障。

努力工作，攒下你的钱

纵观美国企业的历史，人们都听过这个忠告："努力工作，攒下你的钱。"这是最古老的成功法则。

为什么存钱是如此重要？**因为存钱就是一种自律，任何一种自律都会影响生活中其他所有方面的自律。**你每次实践一种自律时，其他的自律行为都会更强大。你每次未能在某一方面约束自己的时候，其他的自律行为也会削弱。通过形成或未形成自我约束，来塑造或削弱你自己。

如果你没有约束自己不花光挣到的所有钱，那你就完全没有致富的资格。如果因某种奇迹你确实成了富人，那你也会因为缺乏自律和自我控制而不能继续你的财富。这就是为什么多数彩票赢家在两三年内都会破产，只能回到自己过去的工作中。这就是为什么多数"一夜成名"的人最后都身无分文，又回到一居室的公寓里。因为他们没有形成巩固自己的金钱所需要的自律，他们花钱如流水。

吸引你向往的财富

在第3章你学到要成为一块金钱磁铁。当存下钱时，你就在生活中激活了吸引力法则。你存储的每一美元都会吸引另一美元。当存下5美元、10美元或100美元时，你就把越来越多的金钱吸引到你的生活中，往往是以不寻常的形式。

如果你真的严肃对待自己的财务未来，命令自己立刻去当地银行开设一个储蓄账户。尽可能多地把钱存进去，即使只有10美元。从那天起，把你可能的每分钱都存进去，帮它长大。

你会发现，你存进的钱越多，你吸引无法预料的金钱来源就会越多。你将在工作中得到红包，你将收到意外的收入税返还，人们将偿还欠你的旧账，你将发现自己可以在住宅或公寓附近出售旧衣物或旧家具，你甚至可能会收到意想不到的财务礼券。如果你能约束自己把这些"礼物"的每一项都存入财务自由账户中，你就将强化那个账户的吸引力，开始吸引越来越多的金钱进入生活。

从"1"开始

如果对你现在来说，节省收入的10%是不可能的想法，那你怎样开始致富？加入群众中来！多数人都无法从节省收入的10%开始。租金、能源、汽车贷款、食品和其他账单消耗了他们挣来的一切，还有一点点缺口，通常由贷款或信用卡资助。如果你离节省10%差得很远，那你怎样开始呢？

答案很简单。从存下收入的1％，学习用其余99％生活开始。如果你每月挣3000美元，则每月存30美元，每天1美元。如果你的生活依赖于它，你能省下这个数量吗？如果你的整个财务未来依赖于它呢？事实是，如果你对财务自由的向往足够强烈，你就会找到一种存下1％的方式。

因为人是习惯的动物，很快会适应这种方式，然后开始节省收入的2％，用其余的98％生活。每月的节省比率都增加1％，一年内你就会习惯只用90％或更少的收入来生活，从此踏上你的财务自由之路。但你必须着手开始。你必须采取行动，开设自己的财务自由账户，开始节省收入的1％，今天就做。

欢乐与痛苦

即使人们知道自己应该存钱，可阻碍他们这么做的一个重要的精神障碍产生于早期的童年心理作用。小时候，你的父母鼓励你从自己的零花钱中节省，让你不要去花。但当你用钱买来了糖果和玩具，你发现这给自己带来了欢乐和享受。省钱的想法变成了一种剥夺，甚至是惩罚。因此你对整个存款的概念，形成了负面的感觉。

在弗洛伊德的作品中，他解释了"享乐原则"。他说，人类的所有行为都是在试图从不舒适或痛苦转向欢乐和享受。每个人，当他还是小孩子时，就把花掉他们的钱与欢乐和享受联系在一起，同时也把存钱与痛苦和难受联系在一起。成年后，这种精神作用压倒了一切，成为财务失败以及日后贫穷的主要原因。

你的目标是，要逆转潜意识里有关消费和存钱的观念。你必须开始认为，在银行里有存款对你而言意味着欢乐、安全和享受。你必须把存钱与快乐和成功，而不是剥夺和难受联系在一起。你必须开始把存钱期待为快乐和满足的源泉。这就是所有富人的思维模式。

通向财务成功的楔子战略

为了省钱，让人们考虑降低他们的生活标准、削减他们的生活支出往往很艰难。当我们建议别人应该用收入的90%或更少来生活时，几乎总有自发的抵触反应。你也许在逻辑上同意，但在情感上反对这种削减和牺牲。

然而，对于存钱和积累来讲，有一种方法可以对抗这种自然的抵触反应。我把它叫作"楔子战略"。可能很难让你放弃消费自己今天所挣的钱，但让放弃自己根本无法支付的开销不成问题。

下面是楔子战略的原理。从这一天起，下定决心，在你日后的职业生涯中，省下每次加薪、红包或奖金的50%。几乎每个人都能同意省下他们还没有收到的款项的50%。如果我给你1美元，而前提是你要还我50美分，你会立刻接受。你必须给自己同样的心理暗示。

提前决定

从现在起，如果你的报酬得到100美元的增长或是任何形式的提高，你必须提前决定要省下那笔钱的50%，把它存入你的财务自由账户中。在你收到这笔钱之前，预先下定这个决心，你会发现，当预期的增长来到你身边时，有了决心，执行起来会容易得多。

在美国，平均工资和生活成本每年要增长3—4个百分点。通过本书的一些战术，你将学会如何每年把年收入增长10%、20%甚至30%。在每种情况中，你必须下决心节省增长部分的一半，然后谨慎地将它向未来投资。做到了这点，只要你开始得足够早，坚持得足够长久，你就将实现财务自由，如果你还不是富豪，那也为时不远了。

别赔钱

一旦你开始积累资金，下面就是一个重要法则：保守地进行投资。马文·戴维斯（Marvin Davis），一位白手起家的美国亿万富翁，曾被《福布斯》杂志问到如何解释自己的财务成功。他说，对于投资他有两个法则，第一法则就是：别赔钱。

他说："无论何时，当我看见一个可能赔掉金钱的投资机会时，我首先做的就是不去投资。"

关于法则二，戴维斯说："我无论何时受到诱惑，都会参考第一条'别赔钱'。"

美国最富有的人之一巴菲特许多年前白手起家，在投资上运用了相同的法则。你也应该这么做。致富的关键是，认真地积累你的资金，然后保守地投出去。

白手起家的富豪以及美国过去的有钱人一个共同特点就是，谨慎地、保守地、慎重地投资。别企图迅速致富，或在某个地方突然赚到一大笔钱。相反，应集中精力慢慢地变得富有。如果你所做的一切是节省收入的10%或更多，谨慎地投资，每年让它增长8%—10%，单凭这些就可以富有。即使每月100美元，以10.5%的投资利息计算，40年后的价值就是111.7万美元。

富人的战术

几年前，我的会计师也为许多男女富翁管理财务。他发现他们似乎有两个共同点。首先，他们的债务极低。他们所欠的任何款项都由产生收入的资产作为后盾。无论经济多强劲或是利率有多低，他们都拒绝负债，除非回报的钱大大高于资金成本。

他发现的第二个共同点是，没有人迅速致富，或投资于风险高的投机项目。多年来，他们集中精力以每年8%—10%的幅度增加自己的资产净值，年复一年，波动很小。他们不贪心。他们慢慢地积累着自己的资金，坚持住了，无论外界的经济如何变化。

来自一位银行家的建议

我曾经参加了一个银行家的退休晚宴，他在自己的职业生涯中与许多富豪合作过。他在向大家的致辞中谈到了他遇到的独立奋斗富豪的主要特点。他说，他与水手、农民、牧师、劳工、教师、起重机的操作员以及其他来自生活每个行道的人工作过，这些人都成了富豪。他们共有的一个特征是，攒下自己的钱，然后谨慎地、保守地、慎重地投资。从很早开始，他们每个人就有了一个长期的打算，准备花多年时间实现财务自由。

改变你的性格

存钱的神奇效果是，它会培养性格，增强自控力和自信心。当你开始存钱时，你会觉得像是掌握了自己的命运。存钱给你一种控制自己生活的感觉，它给你一种个人的力量和自信。在银行有钱实际上改变了你对自己和世界的看法。它甚至影响到你的肢体语言。

人们今天不高兴、焦虑、有挫折感的一个重要原因是，他们在银行里分文没有。因此，他们随时都在担心钱的问题。他们无法不看着菜单右侧的价格点菜，不管自己是何等的饥肠辘辘。

但当你开始存钱和积累资金时，你就换了一个人。你的自尊、自重以及自豪感都提升了。你的握手变得更坚定，你的双眼会直视他人。口袋有钱、银行有存款的事实让你的腰板更直了，转变成一种更自信的声音、一种更积极的态度。

关于企业家的真理

美国前总统卡尔文·柯立芝（Calvin Coolidge）曾经说过："美国的生意就是企业。"你在财务生活中所做的每一件事都在某种方式上与企业有关。比如你是一个房地产投资者或股市交易员，你就是在某种形式的企业里。你有销售和收入，你有利润和损失，你有资产和负债，你有选择和所做的决定，你面对不断变化的竞争和经济力量。你用金钱所做的每一件事都以某种方式与商业原则有着关联。

一些统计显示，80%的新企业会在两年内失败。另外10%—15%的新企业在4年内失败。在很多案例中，人们把自己的一切，加上家人借给他们的钱，再加上他们2—4年的生活，都投入这些企业的创业中，最后只以一贫如洗而告终。

人们不敢开创企业的主要原因是，他们害怕自己会失败，赔光所有的钱。许多案例证明，他们是正确的。

缺乏经验

然而，如果你更仔细地研究这组数字，眼前就会展现出一幅不同的画面。事实是，多数由没有经验的商人开创的企业在几个月或几年内就会失败。这完全是因为没有经验的商人不知道在一个高度竞争的市场中如何做销售、创造收入、令人满意地交付产品和服务、雇人、管理一项迅速变化的企业型事业。由缺乏商业经验的人开创的企业大概有99%都在两三年内失败。

为什么新企业的失败率如此之高？因为创业者虽然有希望和梦想，但他们并不确切清楚为了一个企业的成功应该做些什么。他们可能对一种产品或服务有一个想法，但他们不知道自己需要知道的有关以一定价格销售、交付这件产品或服务，让他们的企业存活和成长的所有事情。我们将在这本书里讨论这些关键的成功因素。

经验的价值

有个好消息：由有经验的商人开创的企业90%都成功了。为什么会这样？原因在于，有经验的商人知道一个成功的企业所需要做的事情：他们知道如何购买或生产自己的产品和服务；他们知道如何去销售和营销；他们知道如何去创造收益；他们知道如何去与供应商谈判；他们知道如何出租房屋和洽谈租赁；他们知道如何管理自己的财务。换言之，他们具备企业成功必不可少的经验。为了能开创你自己的企业，获得成功，这些都是你要学习的。

根据邓白氏集团（Dun & Bradstreet）统计，美国破产企业中96%的失败是因为"管理不当"。管理不当即经营企业的人不知道他们在做什么。任何曾经创立或经营过企业的人都会不断惊讶地发现，在商界的每个阶层，都有那么多不能胜任工作的人。

企业失败的原因

导致企业失败的管理不当主要表现为两个方面：糟糕的销售结果和糟糕的成本控制。

糟糕的销售结果

不当的第一个方面是，缺乏销售和营销的技巧或能力。全国大约48%的企业失败是因为不能把它的产品或服务销售到足够存活下去的那个数量。下滑的销售、现金流——就像是企业中的血液之于大脑——很快就下降到让企业坍塌的那一点。

在更广泛的意义上，这也是人们个人失败的原因，他们没有创造出能支付起所有费用的足够收入，包括必需品和非必需品。他们最后用完了现金和信用。每年，大约1500万美国人宣布破产，是因为没有挣到足够的钱去支付他们通常已经失去控制的生活开销。

糟糕的成本控制

根据邓白氏的数据，46%的企业失败归因于糟糕的成本控制。企业可能在前沿阵地销售和创造了充分的收益，但却在后方赔个了精光。同样，这也是个人财务失败的一个主要原因。人们无论挣多少钱，如果不能把开销控制在收入和支出的差额之间，他们的财务生活就将失败。

在企业里，销售和创造收入是一方面，另一方面是成本控制和现金流分析，两者都需要经验。如果你真心想在财务上获得自由，就必须在两方面都擅长。

企业的成功是可以预言的

商业中的对应法则认为，你外部世界的结果总与你内在的知识、技能和准备相对应。为了在企业中取得成功，你必须学习成功所需要的技能。企业成功并非是运气，它是知识、技能和应用的产物。它是一种能力，是经验和智慧的结合。它由你能通过实践和反复学习的技能所构成。

非常神奇的是，你可以学会在任何企业里取得成功所需的技能。在今日的商界，在任何类型的企业里，每一个成功者都曾经对企业一无所知或毫无经验。企业成功所需的每一项技能都需要学习和实践。其他人能做到的任何事情，你也行。

得到在职的经验

企业成功的最佳方式之一是，得到在职的培训。大概80％成功的商人都把他们的成功归因于自己在为别人工作时得到的培训和经验。因此，他们能"便宜地"进行学习。他们可以通过反复试验去学习，而雇主支付了他们所犯错误的成本。通过高度关注自己做对和做错的事情，他们得到了自己所需要的经验，同时也得到了报酬。

让我重申一次。由有经验的商人开创的企业90％最终都成功了。由有五年以上商界经验的人开创的公司比其他任何类型的公司都更可能获得成功。他们有90％的成功率！

如果你从一点点经验或经验全无开始，别气馁。美国白手起家的富豪在他们最终取得为达到财务突破所需要的技能和经验之前，平均破产或几近破产3.2次。做好在致富道路上多次跌宕起伏的准备。这完全是为了准备行囊所需要的一部分代价。

边挣钱，边学习

经验是关键。如果你诚心地向往开创自己成功的企业，在吸引你的行业里，从为另一家企业工作做起。准备把五年的努力投入你需要的培训和经验中。准备投入一万个小时去掌握这个企业的优点。要耐心。别寻找捷径或致富速成计划。稳于持久。

一旦开始为一家公司做事，就把你的工作当成未来成功的起跳板，进行你能接受到的所有培训。去上提供给你的每一堂课。把研讨会的宣传册拿给你的老板，问他是否愿意为你参加这些研讨会和课程埋单。如果你的老板不愿付，那你就自费去参加。无论是谁签下了你的薪水，始终把自己看成是自我雇用的——因为你本来就是。**把你效力的公司当成是你自己的，因为从某种角度看，它的确是。**

你在生活中可能犯下的最大错误是，认为你在为任何一个人工作，除了你自己。你向来都是自我雇用者。你是自己的个人服务公司的总裁。如果你像自我雇用者那样行动，把公司看成是属于你的，你成长的就会更快，你学到的就会更多。

在这种情况下，你会更快得到能够帮助你的人的注意。通过对结果和公司的成功承担个人责任，你就会吸引更大的机会和责任。你将得到更高的报酬、更快的提升。你将被认为是比那些只是朝九晚五来上班、只做分内事的员工价值高得多的人。

企业成功的五个关键

为了在任何类型的企业中取得成功，你必须具备五个基本能力。它们是你开创自己成功的企业的关键，它们也能为你为目前效力的公司创造更具价值的贡献打下基础。

你可以在工作中学习每一项技能。你可以通过把它们从一个岗位转到另一个岗位来学习，或是当你的职业发展时，从一个公司转到另一个公司。

计划、组织、得到结果

你需要的第一个能力是计划、组织和得到结果的能力。这是在美国最有价值、报酬最高的能力。你得到结果的能力，以及在你的公司为结果承担责任的能力是高等执行力的标志。

不断问自己："我期待的结果是什么？"环顾你的公司，什么结果最能为这个企业的成功带来贡献？谁是最受尊敬的人，他们在做些什么？总是问自己："我怎样能提高自己的能力，得到公司成功所需的最重要的结果呢？"

多走一英里

无论在你自己的企业还是别人的企业，成功的关键是，比你的报酬多干一些。始终准备多走一英里。记住，在这额外的一英里内，永远不会出现任何交通堵塞。当你总是做比得到的报酬更多的事情和比你老板的期待更多的事情，你就是把自己置于"天使"的一边。你把自己带到了能帮助你的人物的关注之下。你为自己打开了仍对普通员工关闭的大门。

因为普通雇员只做自己被指令的事情，没有更多了，当你开始多走一英里时，你将立刻脱颖而出。利用你的雇主。**把你的工作当作用别人的钱猎取广泛技能的图书馆。**志愿做一切事情。提出承担额外的责任。比普通人工作的时间更长一些，工作更努力一些。在工作中得到的每项技能和经验的累积都会让你在未来更有价值、更成功。

营销和销售

你需要沟通、说服别人，提高销售你的产品和服务的能力。在任何企业中，成功的最重要因素是高销售；在任何企业中，失败的最大因素是低销售。你在销售收入和现金流上的影响越大，你对公司的价值和重要性就会越高。

无论你在什么位置上，今天就决定学习如何有效地销售。阅读这方面的书籍。参加职业销售培训课程和研讨会。参加一次国际性的祝酒招待会，学习如何在公众场合进行有效的演讲。寻找销售机会，或是参与到你公司的销售活动中。

几年来，我为超过50万名销售人员开办了销售研讨会。他们很多人是从会计师、工程师、水管工人、卡车司机和军人开始学习的。人们经常告诉我，起先，整个销售理念令他们相当恐惧，可那时他们找不到任何其他的工作。

1. 你可以学习销售

然而，当认识到销售是一门技术，就像骑车或敲键盘一样，他们对自己和自己潜力的看法就改变了。在几个月或几年里，通过实践基本的销售技巧，他们中的很多人都极为成功，挣的比过去多很多。其中一些人继续开创了自己的企业，很多人都因此成了富豪。

2. 成为一个优秀的倾听者

在你的生活中，包括个人和企业，大概85%的成功要取决于你与别人融洽相处的能力。在做演说和说服别人与你合作时，你越善于提出好问题，并认真听取答案，你对周围世界的影响就会越大，你的价值就会越高。这些都是可以学习的技能。

选择正确的人

为了企业的成功，你需要具备选择正确的人、建立有效团队的能力。让大家合作，一起为实现共同目标努力的能力被认为是获得提升的所有技能里最重要的一条。

《财富》500强企业里的每一个首席执行官都是从没有员工的初级雇员开始的。通过每次学习如何与一个人很好地互动，他们很快就有了助手，或是为了实现一个特殊的商业成就而担负起组织其他人加入这个队伍的责任。越擅长团队工作，被赋予的责任就越大，随之的报酬就越高。

当你证明了自己具备与人良好合作的能力，你很快就会成为主管，然后是经理。在职业生涯的每个阶段，当你证明自己具有通过别人实现结果的能力时，你就会被提升，会担负起管理更多人、实现更高业绩的责任。最终，你会成为你组织里的领导者。

精通你的工作

当我24岁的时候，我加入了一个报酬与销售直接挂钩的工作，白天从一家公司跑到另一家，晚上从一户人家跑到另一户。我读了自己所能找到的有关销售的全部书籍，整日整夜地听着销售磁带，向我那个行业中每一个前辈取经。在不到一年的时间里，我学会了如何有效地销售。我增加了自己的收入，翻倍，再翻倍。我很快就被招过去培训新人，我告诉他们自己所学到的。很快，他们的销售也变得很成功。

这个经历改变了我的生活。两年内，我组建了一支95人的销售力量，在6个国家里成功地运作。在职业销售中，我把自己的身价从衣衫褴褛变成绫罗绸缎。我从一个小小的住宅搬到一个看上去像座城堡、布置漂亮的寓所中。我从每天担心金钱到怀揣从不少于50张20美元的钞票。回首往事，我把自己的成功看作是完全学习和应用了——首先，销售的技能；其次，建立团队的技能。你也可以学到。

成为一个优秀的谈判者

你需要能够代表自己的立场进行很好的谈判。所有成功的商人都是优秀的谈判者。他们知道当进行销售时如何索取更多，当购买时如何报价更少。他们已经具备与工作中的人谈判和解决冲突的能力。他们学会如何与银行家或投资者谈判贷款、期限和条件；他们学会如何与供应商、零售商谈判支付条件；他们学会如何与顾客进行买卖；他们能与员工谈判工作任务、责任和报酬。为了企业的成功，你必须成为一名出色的谈判者。否则，你将总是被别人谈败的那个人。

幸运的是，谈判是一项你能通过学习和实践获得的技能。你可以读书，听广播节目，参加有关谈判的研讨会。你可以向企业里最出色的人学习，然后在每个场合中实践。

谈判中最重要的词或许是"请求"。去请求你向往的事情，把它养成习惯，如果你不喜欢第一个答复，那就再请求不同的答复。请求更好的价格和期限；请求更好的条件；请求航班中更好的座位；请求酒店更好的房间；请求餐馆更好的桌位；请求租到更好的汽车。通过不断请求你想要的东西，形成习惯，你最终会在生活的每一方面都是出色的谈判手。

掌握数字

理解会计、企业财务和成本控制能够帮你的企业走向成功。非常令人诧异的是，太多人都通过销售数量可观的产品和服务而建立了成功企业的前线，却因不了解企业的数字而在后方赔了个精光。

这样的企业更注重概念性而不是具体性。他们更注重人员、产品和销售，而不是他们的财务报表。但是，财务管理是一项你能通过一点点指导和实践就学会的基本技能。随后，你可以另外雇用有能力的出纳和会计处理数字。但你必须能够阅读这些报表，为自己解释它们。

你不一定非要成为会计专家，但你必须懂得如何阅读一份财务报表。你必须懂得毛利和净利之间的差别；你必须懂得固定、可变、半可变之间的不同；你必须学会如何控制应收和应付。最重要的，**你必须把手放在企业的脉搏——现金流上**。这是成功或失败的决定性因素。

应对银行

为了开创并发展你的企业，你通常要从银行那里借钱并安排银行存款。银行做的是放出优良贷款的生意。你的财务规划和贷款的完整性和正确性，大大决定了你是否能首先得到资金。许多企业被迫关门，事实上是因为业主不能整理出一份可被接受的贷款申请。

通过在企业里实践，取得成功

以下是在企业里成功的五个关键：

第一，你必须具备计划、组织和得到结果的能力。

第二，你必须具备销售、沟通、与别人良好互动的能力。

第三，你必须具备挑选正确的人、把他们组织在一起形成有效团队的能力。

第四，你必须具备以自己的立场为你的企业谈判的能力。

第五，你必须学习如何阅读财务报表，具备理解会计、账目和财务的能力。

好消息是，你可以通过在职培训学到上述每一项技能。当你为另一家企业工作时，你能学到全部。

把你的工作当成起跳板

上班不能学习的可以在下班后学习。你的工作可以作为一个持续的企业培训程序，一所学习日后致富所需技能的大学。

当工作的时候，你有四个优势。第一，你有一份薪水；第二，你拥有时间；第三，你有人际交往；第四，最重要的，你增加了经验。利用每一个你在受雇时所能抓住的机会去学习，为你最终跳出去开创自己的企业做准备。

进行你的研究

在工作中积累知识和经验，开始收集不同的企业信息，直到找到最吸引自己的企业。订阅杂志，每天一版一版地阅读上面的当地企业部分。让自己沉浸在商业世界中。有时，在某个地方读到的一个想法、一种见识、一篇文章会打开你的眼界，让你看见一个即将改变生活方向的新机会。

一旦你选择好自己喜欢的企业，要做的第一件事就是去学习这个企业的每一个细节。在你投资之前做调查，在你把自己任何时间或金钱投到一个企业之前，先学习一切你能学习的事情。

时间管理专家亚力克斯·麦肯齐（Alex McKenzie）曾说："错误的假设是每一次失败的根源。"彼得·德鲁克说："没有思考的行动是每一次失败的起因。"在这两个理由里，未经测试的假设和不完整的信息能导致置企业于死地的错误。

实践10/90法则

花10%的时间去调查企业的每一个细节，往往会节省后来可能投资或损失的90%的时间和金钱。花时间去详细了解产品或服务为消费者所做的事情。明白它是如何形成、生产、销售、交付和付款的。明白经济学、企业的利润和损失，特别是要花时间全面了解一种产品或服务特定的消费者，他们为什么购买？他们寻求的价值是什么？这件产品或服务对改善他们的生活或工作有什么特别之处？找出那件产品或服务的竞争对手，以及他们的产品或服务。消费者今天在购买什么？他们为什么要从目前的供应商转向你，来购买不同的商品？

研究成功的公司

当你考虑开创一个企业时，花时间研究已在那个行业的公司。他们为什么成功？他们为什么不成功？他们做了哪些正确的事？他们做了哪些错误的事？在每个行业中，20%的公司挣到了80%的利润。识别这些顶尖公司，了解他们为什么会成功。

你一旦判定出一些公司为什么成功而一些为什么失败，就要花时间做一个完整的分析，分析成功的原因，分析失败的原因。你怎样在某方面改进产品、服务或企业？你怎样做出自己的产品或服务，吸引你的消费者，让他们偏爱购买你的，而不是别人的？

有条谚语说，你需要去做的一切就是，把现有的产品或服务改进10%，就能开始一个新企业。为了在自己的成功和财务自由的道路上起步，你需要的全部就是10%的新颖、不同或出众。

创业五法则

创业是找出产生利润的解决办法的艺术。每一个成功的企业家、每一个成功的商人都是一个能辨明问题、在别人之前提出解决意见的人。下面是创业五法则。

发现一种需要，填上它

你可以发现一种需要然后填上它。人类的需要和欲望是无止境的。因此，企业家和财务成功的机会也是无止境的。在为你提供的商业机会中，唯一的约束是你给自己的想象设置的极限。

罗斯·佩罗曾是IBM的顶尖销售员。许多客户都抱怨，他们在把大量的数据储存到自己IBM电脑的过程中需要帮助。罗斯·佩罗就到他的主管那里，建议公司把服务向下游转移到数据处理业务，以此作为销售主机的附带生意。公司否决了他的想法，断然拒绝了他。罗斯的上级主管告诉他，他们对电脑生意多样化没兴趣。

罗斯辞了职，自己开始创业。凭着从母亲那里借来的1000美元，罗斯拜访了几家他在IBM的客户，提供数据处理所需要的一切服务。这些服务的报价都低于公司已经支付的，对任何额外的费用实行五五开。最后，一个客户同意了他的报价，预支给他安装第一个数据处理系统所需要的资金。系统运转了。

罗斯继续建立起电子数据处理（Electronic Data Processing），即后来的EDP产业，为全美的公司处理数据。他最终以28亿美元的价格把EDP卖给了通用汽车（General Motors），成了世界上最富有的人之一。罗斯发现了一种需要，填上了。

发现一个问题，解决它

你可以发现一个问题，然后解决它。无论在哪里存在普遍的、未解决的消费者问题，你都有开创成功企业的好机会。曾经，在影印机出现之前，如果一封信想打多份副本，就要在纸张之间夹上复写纸。但是，如果出现一个错误，打字员就需要仔细检查，在每份复写件上擦去错误。这太笨了，而且浪费时间。

那时，在美国明尼阿波里斯市为一家小公司工作的秘书，开始混合指甲油和面粉，把她打错的字涂白。不久，与她在同一间办公室的朋友请求她，是否能为他们弄来这种液体。为了满足这种需求，她开始在自家厨房的操作台上混合小瓶面粉和指甲油。很快，其他办公室的人也过来要。需求量太大了，她最终辞去工作，开始全职生产这种她所谓的"液体纸"。几年以后，吉列公司（Gillette Corporation）付给她4700万美元，买断了这项技术。

无限的机会

问题随处可见。你的工作就是发现一个问题，然后用比过去已经存在的办法更好地解决它。发现一个人人都有的问题，看看你是否能提出一个解决办法。发明一种方法提供更好、更便宜、更快捷或更简单的产品或服务，来解决这个问题。运用你的想象力。

很多年前，一个名叫克莱蒙斯·威尔逊（Clemons Wilson）的男子带他的家人去度跨国假期。当发现没有酒店能为旅行中的家庭提供住房时，他深感受挫。克莱蒙斯于是把自己及亲朋好友的积蓄筹到一起，开创了第一家假日旅店。旅店一炮打响。今天，假日旅店是世界上最成功的酒店连锁品牌，克莱蒙斯退休时也成了非常富有的人。

关注顾客

企业成功的关键是关注顾客。"沉迷于"你的顾客。锁定顾客的需求、需要和愿望。随时想着顾客。想着你的顾客愿意为什么东西掏腰包。考虑顾客的问题。把自己看作是在为你的顾客工作。

在每个行业中，"沉迷于"对顾客的服务都是企业成功的关键。沃尔玛的创始人，也是世界上最富有的人之一山姆·沃尔顿说："我们都有一个老板，那就是顾客。顾客任何时候都可以随他所愿解雇我们，到别处做交易。"

引领你的成功之路

一旦你提出一个问题或想法，下决心投入你的时间、智慧和经历而不是金钱去开始。在美国，多数巨额的个人财富都是从一个想法开始的。多数伟大的财富是由没有资金、没有资源、没有背景的人开创的。他们由个人的一个想法开始，然后把自己的整个心血都投入别人会购买的产品或服务的生产上。

这被称为"汗水资产"。不是投入现金开创企业，而是投入你的汗水资产，以投入你额头上的汗水作为开始。如果你的钱很少，或根本没有，那就去寻找某种东西，以低价买入，再以高价卖出。你用这种方式就能产出正向的现金流，打造出企业成功的基石。这个国家里大部分最富有的男性和女性都是这么起步的。

跑前先学走

为了取得大生意的成功，你必须首先取得小生意的胜利。为了高价卖出很多商品，你必须先以低价卖出一些作为开始。我的第一次商业冒险是推销50美分一盒的肥皂，挨家挨户去卖。我的第二次商业冒险是推销报纸定购，每周1.75美元。我的第三次商业冒险是在附近出售两美元的圣诞树折扣券。当我开始为邻居割草，每次收2.5美元时，我的欢乐时刻到了。参天大树来自小小的种子。

有的人是通过在工作日购买一些物品，然后在周末的跳蚤市场或旧货交换会上卖出这些东西，开始他们的商业生涯。有的人早上第一件事是驾着敞篷小货车，直奔出售旧货的现场，铲起最低价的所有好东西，然后每月进行一次现场旧货出售，在那里卖掉他们攒下的所有卖价比自己支付的买价高的物品。结果，他们学会了如何购买和销售，他们学会了如何谈判、买低价卖高价，他们学会了如何交流和妥协，他们学会了如何选出能迅速以高价卖出的产品。

做好付出代价的准备

胜利的唯一途径是尝试。成功的唯一方式是失败，从失败中学习。学习在商业中成功的唯一方式是实践、实践，再实践。如果你不愿意实践和付出代价，你就永远无法获得足够的经验去取得成功。如果你不愿意投入必要的时间去学习基本的商业技能，就不会有希望战胜愿意付出这种代价的人。

只要愿意学习并进行尝试，大约95％的美国劳动者都有能力开创自己的企业。企业成功基于一系列的公式、组合及技巧，这些都是可以学习的。美国有上千万家企业，再加上每年新设立的100万家，你在美国或许能比世界上任何其他国家更快、更容易、成本更低地开创一家新企业。任何人都能做到。

多级营销机会

多级或网络营销是绝好的第二收入机会。全世界上百万的人都利用多级营销机会，迅速、低价地开创了成功的企业。他们以低成本，利用多级营销企业基金会学到了重要的商业技能。

多级营销已被污蔑和误解。就像任何生意一样，多级营销机会有好有坏。但这种商业模式本身已通过了检验，数十年来，在全世界范围内被证明是成功的。

分销的另一种选择形式

简单来说，多级营销是一种分销形式，就像零售、批发、分类、直销、电话营销一样。多级营销是一种从生产商或发明人那里得到产品或服务，卖向终极客户的方式。在多级营销渠道的不同人之间划分了从生产商到零售商的不同利润。

例如，如果一件产品的零售价是10美元，它的生产成本是2.5美元，在营销、销售、广告、分销、促销、包装和交付中就有7.5美元的差价被利用。在多级营销中，生产成本和零售价格之间的这个差价由销售链的多个分销商来分配。

当开始多级营销时，你从销售到终极顾客的产品中提取零售价的25%至30%作为佣金。当你的销售量增加，或你召集的其他分销商获得了一定水平的销售量时，你得到的佣金百分比就提高至40%、45%、50%，以此类推。你挣到你的下线销售的代理佣金，他们的销售量还没有高到让其有资格得到比你挣的那份更高的佣金。每个人都受益，没人赔本儿。

从小额开始，慢慢增长

在多级营销中，你从小机会开始，时常是通过投资几美元得到一件样品，从朋友和邻居那里得到订单，然后从分销商那里购买产品，再把它们交付出去。在这个过程中，你学到商业技能里的销售、组织、演讲、会计、团队建立、谈判、说服和交流，你能从操作一个成功的多级营销生意中学到成功企业所需要的85%的技能。

许多人都有这样的想法，他们太腼腆了，无法与周边的人做小商品买卖。当发现医生、律师、工程师、建筑师和其他职业者正忙着建立成功的多级网络营销企业，为自己和家人创造第二收入源时，他们很是惊讶。

在所不惜

白手起家的富豪有一个特质，他们总愿意去做沿途需要做的任何事情。他们愿意去做所谓的"狗的工作"。他们愿意向客户提供微贱的服务，特别是在创业初期。他们愿意卷起袖子跳下去，愿意亲自打推销电话、打包、递送产品，关注每单生意的出纳，事无巨细。

最终在财务上取得成功的人从没想过自己在任何特定的工作中有多大的优越性。他们认识到，每一份成功都要付出代价，付出得越多，自己向往的财务自由就实现得越快。

与此同时，那些认为自己太有优越性，不能从底层开始的人永远都不会成功，他们退休的时候都很穷。他们会一直待在底层。

一个好企业的八个品质

如果你正在考虑一个多级或网络营销机会，在做出选择之前应该寻找八个关键因素。我今天最好的朋友中有些就是靠多级营销成为富豪的。当他们开始的时候，他们花几个月的时间游历全国，去调查多级营销企业机会。他们遇见了关键的人，仔细地试验了产品，与别人核对信息，从朋友和顾问那里求来资金。

当每个人最终找到合适的公司、合适的机会，他们就对企业的成功做出了完全的许诺。几年之内，他们建起了全国、全世界的分销网络，每月的销售额有几百万、几千万美元。下面就是你要寻找的因素。

1. 一个拥有好商誉的优质商品

第一，寻找一家要具有良好商誉和质优产品的多级企业。永远不要浪费时间去销售任何没有出色品质的商品。没有一家成功的企业是建立在一般或平庸的产品上的。

选择一种产品或服务，它至少要与市场上同等价格的同类产品一样，或更好。每件产品要想成功，都必须有所谓的独特销售定位（USP）。它必须具备某些特殊的品质，使其优于市场上的同类产品。如果你正在寻找的产品或服务在某个重要方面没有明显的优势，那么从长远来看，它不会成功。

2. 公平和有竞争力的价格

寻找一家比竞争对手更有公平价格的公司。如果大家能在别处以更低的价格购买到同样或类似的产品，没人会为你的产品或服务支付更高的价格。仔细做出价格比较，这对你而言很重要。

遗憾的是，很多公司都在试图以相当高的不合理价格出售低质量的产品。有些人觉得产品质量并不重要。他们相信"商业机会"就是人们关心的全部。但归根结底，市场中的消费者将决定任何企业的成败。消费者对你与别家企业的价格比较十分敏感。

3. 退款的保证

每一个优秀的多级营销公司都提供100%的无条件退款保证。这表明公司对产品的质量和顾客的满意度相当有信心，他们愿意无条件地把产品买回来。公司愿意对它销售的任何产品给出100%的退款保证，这是多级营销，或其他任何领域成功的最重要原则之一。

最优秀的多级营销公司提供所谓的"空瓶"保证。这意味着，你作为客户，可以购买产品并彻底用完。如果你因为任何原因而不满意，从购买那天算起的一年内，公司会对那个空瓶支付你100%的退款。在今天多级营销的激烈竞争中，除非你提供这种保证，否则很难卖出任何产品。

4. 小量的存货要求

当今最好的多级营销公司对存货的要求只有小量，或是零。这表明你应该能以很少的钱，通常不超过100美元，就开始多级营销生意。

许多年来，有些多级营销公司进行所谓的"车库加载"的活动。他们提供大额的折扣给新的分销商，因而有很高的利润率空间，这些分销商即使在没有搞定一单零售之前，也会购买他们的大量产品。这些购买没有保证，也没有退款。许多野心勃勃的年轻企业家都败在不能以任何价格卖出这些车库产品上。

一个优秀的多级营销公司集中关注把产品零售给终极顾客。好公司不鼓励，通常也不允许人们购买比他们已经零售出去的更多的产品。他们不允许人们在实际进行销售前，完全是因为购买了大量的产品而有资格得到更高的折扣。在探索任何多级营销机会时，你应该寻找这样的政策。

5. 迅速交付

一个优秀的多级营销公司对你的产品订单提供迅速的递送，并有国际化的登录账目。你可以从样品中为你的产品下订单，公司会在48小时内把产品送给你，或直接送给你的客户。另外，公司将跟踪销售、佣金和代理佣金，每月给你精确的财务报表。

越来越多的多级营销公司提供"自动载运"，意思是说，你或你的顾客每个月自动得到一定量的产品，通常把账划到一张信用卡上。这是可以选择的，大大减少了文书工作和管理活动。

6. 强大的支持机构

寻找一个强大的支持机构。选择一家有支持机构的多级营销公司极为重要，它会向你提供企业每个方面的培训。寻找一家定期给你做有效销售和产品知识研讨会的公司。寻找给你个人及企业发展提供动力和机会的赞助人及上线。

很多以多级营销公司开始他们职业生涯的人，都因从多级营销组织中受到的培训，而在自己的企业里颇有建树。

最好的多级营销公司有最佳的培训体系。多级营销成功的主要原因是，拥有操作生意所需要的知识和技能。失败总是因为没拥有这些基本技能。如果你正在观察的公司不具备一个有组织的培训体系，那就试着去找另一家。

7. 完全的诚实和正直

寻找一家完全诚实、正直的公司。确保母公司在市场上具有完美的声誉。确保这是一个你能自豪地代言、告诉你的朋友们的公司。你应该从来不必为自己效力的公司寻找借口。

核对这个公司的信息，就像你正在考虑为企业雇一名新员工时核对他的信息一样。上网搜索，接触过去为这家公司工作的人。在你投入时间和金钱之前，先做调查。

有些人开了一家又一家多级营销公司，以虚假的承诺招到没有经验的人。这些公司有一个共同点：他们承诺在很短的时间内迅速、轻松地挣到很多钱。别相信他们。

8. 销售消费品

第八点要求非常重要。你在多级营销企业销售的产品必须是消费品，能再带来订单和重复的生意。你应该销售人们使用的常用品，像维生素、家庭维修器材，或者外观漂亮的产品，如果顾客对你的产品感到满意，他们会月复一月地继续定购。你一旦拥有重复购买的满意客户，通常就能将这类客户留住好几年。

几年来，我已经为许多多级营销公司工作过，并使用他们的产品，其中一些绝对出色。几乎可以肯定，最好的公司是在上面讨论的八个因素上得分最高的。和他们一道工作很愉快，他们能为你从一无所有开始拥有商业技能、创造正向现金流、迈向财务自由提供机会。

兴奋起来

1999 年，英特尔的总裁安德鲁·格鲁夫（Andrew Grove）说："在 5 年内，不会再有更多的互联网业务。"这一表述引起哗然。当互联网公司以数十亿美元的价格上市时，人们预言"世界被永远地改变了"。

但安德鲁的观点是正确的。他继续说，五年内会出现只剩互联网空壳的公司，就像只拥有电话号码和地址的公司，但很多互联网公司将不再做买卖，因为他们无法竞争了。安德鲁的预言成了事实。

任何人都能做

几乎每个企业都有自己的网站。好消息是，今天，"由天才发明的互联网已经由笨人成功地使用了"。今天，任何人都能以几美元建起一个互联网企业，开始向整个世界推销。这于你也是一样的。

你能以低成本得到无数课程和工具，开始你的互联网业务。大公司，像雅虎和美国在线（AOL）会提供给你开设一家互联网商店所需要的一切。你能与其他互联网企业建立链接，交换引擎和客户。你能设置新闻栏和广告，最终可以让成百上千人看到它们。

就像任何企业一样，你在投资之前应该调查。读书、上课，甚至上网冲浪去学习如何开创一家互联网公司。以一个你觉得有广泛需求的产品开始，向更多的顾客集中销售这一种产品，会越卖越多。当你更自信、更有能力地销售一件产品时，就可以扩展你的产品供给。如果你做得正确，很快就能拥有一家每月进账几千美元的企业。

建立一家互联网公司

当我1981年开始自己的演讲、培训和咨询企业时，还没有互联网。我们用直邮、直销和电话营销去创造生意。别无他法。

1995年，随着互联网的日益发展，我们开设了自己的第一个网站。它不过是个空架子，有些我们提供的广播、录影学习节目的简要描述。我们通过一个外部公司管理这个网站，以全部销售为基础向他们支付佣金。我们设立了万事达信用卡、通行卡、美国运通、发现卡，并提出安全条款，保证防损防盗。在接下来的五年里，我们每个月的销售都增长几千美元。

随着互联网公司的不断膨胀，我们意识到自己正在失去利益空间，因此又投了6万美元，完全重新设计和升级我们的网站。这带来了销售的迅速增长，每天都上涨几百美元。

抓住关键

最后，我们决定抓住关键，形成一个世界级的互联网公司。在一系列的错误之后，我们找到了一个有能力的互联网开发专家团队，他们彻底重建了网站，把我们的列表增加到百余件产品，把我们和600多家公司做了链接，这些公司在他们自己的网站上提供我们的产品，报酬是交换一定的销售百分比。

现在，我们的互联网公司每年创造数百万美元的销售。它已经把我们的投资全部赚回来了，每月还创造可观的利润。有时我们对自己开玩笑说，我们比亚马逊赚的钱还多，因为我们每月都挣到净收益，而亚马逊仍在赔钱。

下面是一个要点。如果上万乃至上百万人都能从对互联网一无所知开始，通过学习、实践和应用而创建出一家盈利的互联网公司，那么这就是你也行的证据。

今天多数成功的企业几年前并不存在。今天的多数畅销产品和服务几年前也并不存在。明天多数伟大的财富将由今天并不存在的企业所创造，他们销售今天对顾客和市场并不存在的畅销产品和服务。这意味着机会随处可见，而且是没有极限的。

从小处开始

如果你的目标是在工作生涯中致富的话，那么你对所做的每件事都报以长远的目光就很重要。这说明，你要负担得起在商业生涯初期投资几个月、几年的时间去获得你需要的知识和经验。正像罗马皇帝奥古斯都（Augustus）说的："开头不可太急。"

有一个方法是在一个你感兴趣的企业里做兼职。许多致富的人实际都是从免费为他们感兴趣的企业或他们认为未来会有巨大潜力的行业工作开始的。因为是免费工作，他们会引起周围人的注意。由于非常出色地完成工作，他们让自己变得很有价值，最终会被印到薪水册上，并被提升到担当责任的岗位。

用时间交换经验

当刚开始工作时，你会有很多时间但金钱无几。在后来的生活中，如果你是富人，那你会有很多金钱但时间无几。在两者之间，你能做的最聪明的事情就是，投入你的闲暇时间，去学习如何挣你想得到的那些钱。通过在感兴趣的领域内为一家公司工作，你能得到一份无价的在职培训。你学习到企业内部如何运作，你得到有价值的见识和经验，它将告诉你，这个领域是否会对你的牺牲有所回报。

即使你在做一份全职工作，也可以利用晚上和周末到另一个领域做兼职，去学习。你可以在年假中做志愿工作。你可以在假日里找其他工作。如果你下定决心要达到财务成功，除了投入时间去获得你需要的经验之外，别无选择。

记住，企业失败的主要原因是因为管理不当。这说明，负责人做出了错误的决定，他们进行了错误的投资。他们犯了错误，使金钱成本时常无法弥补。别让这种事情发生在你头上。花时间去学习成功所需要的知识。要有耐心。你投入的时间，会在接下来的岁月中一次又一次还清。

走向企业成功的七部曲

有七个步骤可以贯穿于你的整个企业生涯，保证你以最少的努力和损失实现最大的销售和利润。对于任何向往捷径或横跨一步的人来说，这七个步骤会帮你省下意料之外的成本。

步骤1，设定具体的财务目标

为你自己设定具体的财务目标，把它设想成现实。一遍又一遍地在你思维的屏幕上播放、重演你的目标图景，就好像它已经是一个现实。你越清晰、越频繁、越明亮、越持久地设想这个图景，你就会越迅速地把实现它所需要的人物、条件、想法和资源吸引到你的生活中来。

步骤2，提供一种出色的产品

用高质量和高价值的产品或服务去填补一种需要，或解决一个问题。所有成功的企业都源于在某方面有出色的产品或服务。不要把时间浪费在生产或推销一种不在任何方面优于市场上已出现的产品或服务的东西。

步骤3，从小处开始，慢慢成长

从小处开始，详尽地学习你的业务。要有耐心。投入你的时间，而不是金钱，特别是在初始阶段。

创建企业的好办法之一就是自力更生。这种方式要求你从小成本起家，随着销售产品或服务赚来利润扩大你的生意，而不是向外界融资。

许多考虑马上创业的人都开始环顾四周，希望有人能借钱给他。事实是，多数新企业都开始于所谓"爱的资金"。这些钱是譬如家人或朋友这样的人送你或借给你的，因为他们爱你。这种钱很难得到且极易赔掉。用你的企业利润去融资才是更好的方式。

步骤4，投资之前先测试

在你投入金钱之前，花时间去测试每一步重要的举措。成功的营销和销售的三条法则是："测试、测试、测试。"

企业失败的原因之一是，他们太没耐心了，得到了一个好的构想，在做功课之前就跳进了生意里。更好的方式是，小心地前行，一次一步。从你的错误中得到反馈，在过程中修正。

事实是，企业里99%的新构想都行不通，至少在它们的初始形态下。

大多数事情都不会产生你预期的结果。更好的办法是，下小赌注，在每一次尝试中学习，而不是把你所有的资金都投到一个结果是失败的大主意上。

步骤5，从你的利润中成长

你只需要从企业活动的利润中去扩大你的企业。只凭你在企业中赚到的钱，而不是借来的资金去扩大你的企业。

一次又一次的研究让企业分析家发现，用有限的资金起家往往是所有可能的战术中最好的一条。当在初始阶段捉襟见肘时，你要被迫运用想象力、创造力和精力去产生销售及利润。没有大笔奢侈的银行贷款让你去做昂贵的决策，或是进行烧钱的广告活动。

在互联网鼎盛期，上千家公司能因一个想法而安排上百万、上千万美元的风险资金。毫无经验的商人还没有创造出已销售和盈利的产品或服务，突然间就有了大笔的资金。几乎在每一个案例中，他们都因拥有这么多钱而有些疯狂了。他们建起昂贵的办公室，买下喷气式飞机、豪华轿车和有着昂贵装修的豪宅。他们像下沉的水手一样快速扔钱。很快，他们弹尽粮绝，再没有资金可供使用。后来，这些互联网公司95%破产了，每个人的投资都赔了个精光。

但是，当你慢慢起家，一步一个脚印时，你就学会去理解销售一种产品或服务、赚取利润有多么艰难。因此，你会重视自己所挣的每一分钱。你尽可能延期或推迟每一项费用。你锁定上线和现金流。你每天都检查银行存款。你从年轻时起，就在企业中变得"吝啬"，并对金钱养成了这种态度，这会确保你在职业生涯中致富。

步骤6，谨慎选人

企业成功的95%是选择的过程。要格外谨慎地选择帮你扩展企业的人。你会犯下的最大错误将是选择了错误的人与你一起工作，因此，在这个方面花些时间。

所有的生产力都来自人。所有销售和营销的成功都是因为在关键的位置有优秀的人才。企业的所有成功来自在你的公司里关键的岗位上能胜任职责的人员。一个在关键岗位上不能胜任的人，足以毁掉整个企业。别让这种事发生在你头上。

原则是，慢慢、谨慎地雇用，迅速地解雇。如果你意识到自己已经犯了错误，那个人无法解决问题，无法迅速有效地处理情况，那就别让不能胜任的人待在关键的职位上。这会让每个人都失去活力，甚至可能引发企业的失败。

我的朋友哈维·麦凯（Harvey Mackay）告诉我，他是如何花了6个月的时间努力去发现一个新的销售人员。他面试了35名候选人，最后以一人未录而告终。他后来说，留着那个空岗比雇错一个人，然后再解雇要好得多。这是条不错的建议。

步骤7，使用财务杠杆

尽可能使用财务杠杆。财务杠杆以企业借款和银行信贷额度的形式出现，它基于你企业的现金流。

任何企业成功的关键是现金流。如果有正向的现金流——你正从每天、每周、每月的商业活动中创造利润——你就能实现商业世界中几乎任何事情。当你拥有正向现金流的历史时，银行会敞开大门，借给你为了抓住另外的机会而需要的资金。

你的企业目标是，拥有持续的正向现金流，然后积累现金储备，防止发生在销售上的任何波动。那时银行会贷给你你所需要的一切资金，因为他们相信你有能力支付债务利息，还清贷款。

以行动为向导

很多商人在意想不到的领域里实现了自己最大的成功。他们开创一个企业，然后发现不如预期的那样有利可赚。但因为他们保持灵活度，改变了方向，运用自己的经验和动力去尝试别的事情，结果经常会在全然不同的领域中找到"金矿"。

最重要的事情是去开始，去行动。成功的关键是起步，然后一步一个脚印向前迈进，在你行进的过程中学习和成长。实际上，每个领域里都有足够的信息给你，让你有足够的洞察力去实现成功。但持续的行动是根本。

抓住机会

成功的作家奥森·斯韦特·马登曾经写道："成功的第一部分是开始。成功的第二部分是坚持。"每个企业都开始于信心和勇气，一次朝向未知的勇敢跳跃。正如彼得·德鲁克所写："无论你何时看见一个成功的企业，都有人曾经抓住过一次重要的机会。"

在想去开创自己企业的人里，只有10％的人具备足够的勇气去开始，并且有足够的毅力去坚持。成功的关键始终是开始、坚持。畏惧失败比其他任何因素更能阻挡人们的脚步。它在你的潜能上踩了刹车，让你的行动陷入瘫痪。**畏惧失败令失败无法避免**。别让它阻止你。

走向财务自由的七部曲

幸运的是，即使你对企业一无所知，你也能从一个梦想、一座幻想中的城堡开始，在它下面打造地基。许多伟大财富的起点都是做了下列七个简单步骤：

第一，设定一个目标，用燃烧的热望支撑它。

第二，从日常节省计划开始积累资金。如果你不能攒下钱，对你而言就没有可能做到的事情了。直到有些存款的时候，你才能向前迈进。

第三，将你目前的工作作为日后成功的跳板。边挣钱边学习。用长远的眼光，始终比你得到的做得多。

第四，以有限的规模在企业中做试验，好让你能学到成功所需要的关键技能。别寻找捷径。做好为成功付出代价的准备，在你启动自己的商业风险前，学习你需要的一切。

第五，找寻没有解决的问题、未被满足的需要，提供高质量以及合理价格的产品或服务。你开始建立起财富的全部就是一件出色的产品或服务，它拥有一个有利可赚的市场机会。

第六，在你所选择的领域内，阅读你能找到的一切信息。学习关于这个主题你能学到的一切。打开眼界，吸收新的信息，如果你所学到的与你原先想的不一致，你要愿意去改变思维。保持灵活度。

第七，最后，以勇气和毅力启动你的目标和计划。对自己成功的能力具有十足的信心，永远、永远不要放弃。

行动练习 ···

1. 把你的脚打湿。今天就开始你自己的企业，即使它只是独资，你可以在家里开始。以新企业的名义开设一个银行账户，用你的社会保险号作为你的税务身份号码。

2. 想象自己已经腰缠万贯。如果没有限制，你要进入哪种企业？开始在那方面做调研。

3. 眼光放长远。为了开创一个成功的企业，确定你需要学习哪些科目，需要获得哪些技能。今天就制订一份计划并开始。

4. 确定你喜欢和愿意消费的产品或服务的种类，你觉得能报价卖给别人。寻找你会自豪代言的高质量产品。

5. 观察你现在的工作，判断出你能在工作中，或通过参加另外的课程去学习哪些其他技能。把你的工作当成未来成功的跳板。

6. 经验是成功的关键。为了在你效力的公司或你自己的企业中得到更好的结果，明确你需要更多经验的领域。制订一份计划，立刻投入那些领域中的至少一方面。

7. 处处寻找商机。形成企业家的思维，不断地打开眼界，对未被满足的需要和未解决的问题保持好奇心。一个点子就是挣到你第一个一百万美元的全部。

"下决心为自己找到出路的人总能得到足够的机会；
即使他们没有处于准备的状态，他们也将得到。"
                    ——塞缪尔·斯迈尔斯（Samuel Smiles）

6

创立你自己的企业

"别等待非同寻常的机会。

抓住普通的机会，把它们变伟大。

弱者等待机会；强者创造机会。"

——奥森·斯韦特·马登

在美国，雄心勃勃的先生和女士们每年都开创超过100万家的新企业。现在，全美有数千万家企业，规模从在自己灶台上做事的个体到像微软、推特和通用这样的公司。

每一家企业都提供在某方面不同于其他任何公司的产品或服务。发现和开动新企业念头的机会围绕在你周围，在适当的准备下，你的企业成功的可能性实际是无限的。

今天在家里、企业和大大小小的组织中普遍使用的80%的产品和服务五年后将过时。它们将被更新、更好、更便宜、更有效的产品和服务所取代。新技术的迅猛发展，人们对更新、更好、更便宜的产品和服务的渴望都表明，今天挣钱比历史上其他任何时期都容易。

失败的概率很高

然而，我们知道80%—90%的新企业在开始的2—4年中因为诸多缘由而失败。上文已经探讨过了，企业失败的主要原因是某些人或创业的人无法胜任。这种不能胜任通常以无法销售足够数量的产品或服务，或无法控制生产和销售这种产品的成本体现出来。

企业失败的另一个主要原因是，在错误的时间、错误的市场上，以错误的价格提供错误的产品，或是上述的组合。如果你的产品或服务在今天的市场上是不合适的，即便最好的营销努力和成本控制也无法帮助你成功。

在错误的时间提供错误的产品

在 20 世纪 50 年代，福特公司对于艾德赛尔的引进，就是在错误的时间以错误的价格提供错误的产品的典型案例。花费 2.5 亿美元做研发后，福特把这款车带到了最终发现根本没有它位置的市场上。

很多小商人时常犯同样的错误，只是规模小一些。他们在没有提前检验是否在那一价位上有足够需求的情况下，就投入大量的时间和金钱要把一种产品推向市场。

企业成功的七项原则

在本章，你将学习一系列观点，关于如何发现一种产品或服务，如何在投进大笔资金之前测试市场，如何正确地促销，当你起步后如何扩展你的企业。下面是企业成功的一些关键原则。

开始起步

选择新产品或服务的首要原则是，测定它是否填补了顾客现在真正、确实的需要。一种新产品或服务必须为消费者解决某方面的问题，或让消费者的生活、工作以一种节省开支的方式变得更好。你必须从一开始就非常清楚自己的产品或服务是否能够真正改善消费者的生活质量。

以公道的价格提供高质量

为了成功，一种新产品或服务必须具备公道的价格和高质量。如果它处在与其他类似产品或服务的竞争中，就必须有所谓的独特销售定位。它必须具备有利的特质或吸引人的地方，使自己独特，不同于任何竞争产品。

最安全的企业战术是，从一个已有广泛市场的被接受的产品开始，然后找到一种方法，在某方面改善它。让这种产品或服务发货更快，让它更好，或质量更高，又或价格更低。不是试图去发明一个新的生意或产业，而是从人们已经开始使用的产品或服务开始，然后找到让它更加物有所值的方式。

时刻保持节俭

紧缩的财务控制和良好的预算是企业成功所需要的。成功的公司都使用精确的出纳和会计体系。它们在最开始就对这些系统物尽其用，为支出精打细算。

即使最大的跨国公司，每年的销售额数十亿美元，也会对自己的开销非常谨慎。它们在保持质量水平的同时，不断寻找削减成本的方法。它们时刻注重节俭。

1. 现金流就像流向大脑的血液

特别是在小公司，你必须像一个垂死挣扎的人抓住救生者那样握住你的现金。现金是企业的血液。现金流是企业成功的关键量度和决定因素。所有成功的企业都有谨慎的成本控制，每天都在管理它们。他们仔细考虑每一笔开支。他们花时间去分析每一分钱的使用。他们在详细的预算中工作，每周、每月都进行回顾。

企业成功的基本法则是，**只为挣钱而花钱**。这是因为在企业里只有两个基本项目：收益和支出。经营企业的基本法则是："如果不是收益，那就是支出！"

2. 小心地保卫你的现金

对于经营而言，企业成功的关键是"节俭、节俭、节俭"。我曾经为一个人工作，他白手起家，到55岁时已经建成了一座8亿美元的商业帝国。我很吃惊地看见，他从办公室走出来，驾着一辆破车穿过街道去一家很小的餐馆吃午餐。他对省钱颇为欣然。

当山姆·沃尔顿身家突破250亿美元的时候，他仍然驾驶自己的载货卡车上下班。来自上层的节俭态度会渗透到企业的方方面面，到达每一个部门。节俭的习惯确保企业年复一年地盈利。

把你的营销最大化

或许企业成功最重要的原则是，销售部门的强劲动力。这需要把营销重点渗透到整个组织中。

一个企业的目的是什么？有些人说是"盈利"。可这不正确。一个企业的真实目的是"开发和留住顾客"。利润是以有成本效益的方式开发和留住足够数量顾客的结果。一切行动的重点都是要开发和留住顾客。

销售是企业成功的核心技能

企业成功的关键很简单。对于产品，关键就是"销售！销售！销售！"。为了你拥有的企业取得成功，你必须掌握的最重要的技能就是把自己和你的产品销售给顾客的能力。

事实上，销售能力也是一个成功人生的关键技能之一。罕有例外，所有成功的企业都开始于一个对产品欢欣鼓舞，并善于向别人销售的人。这位企业家如此喜爱这件产品，他或她迫不及待地向别人谈论。这个人渴望接触新客户。但如果没有销售专长的话，最好的产品或服务也会失败。

热爱你的客户

在成功的企业里，时刻关心客户应是最优先考虑的事项。在一个成功的企业里，每个人整天都要想着创造于、服务于、满意于顾客。在汤姆·彼得斯（Tom Peters）和鲍勃·沃特曼（Bob Waterman）的作品《追求卓越》（*In Search of Excellence*）问世 10 年，他们成为畅销书作者后，一位记者问汤姆·彼得斯，他觉得这本书里的七项原则哪一项依旧是最重要的。他毫不犹豫地回答，是"对客户服务的沉迷"。

在大大小小最好的企业中，人们白天黑夜地想着自己的消费者。他们把自己看成是消费者的个人代言人或代理，在消费者的立场上工作。这种态度渗透到整个组织中，吸引人们想和这家公司做生意，并会在未来持续下去。

你总可以通过其对消费者的态度去判别一家企业是否优秀；你可以通过职员接电话和处理消费者要求和咨询的态度去判别一家企业是否优秀；你可以通过它们对待消费者的需要和抱怨的态度去判别一家企业是否优秀。时刻关心消费者是所有成功企业应优先考虑的事情。

在开始之前，形成一个完整的商业计划

企业成功的一个主要原因是，创始人在开始运作之前就形成了一份完整的商业计划。成功的企业家都为企业的每一部分仔细考虑，非常谨慎地执行预算，在敞开大门之前对自己的活动做出无亏损的分析。在开始花钱、进行商业活动之前，他们会组织和设计一份像蓝图一样的企业计划。

下面是一个有趣的发现。企业计划一旦成形后，极少被查阅。往往是公司会花好几个月的时间形成一份企业计划，每年还要用几个星期去更

新；可计划一旦完成，就会被放进抽屉里，极少被拿出来参考，直至又到了更新的时间。

这是为什么呢？原因是，在一个企业里通常发生这样的事情：当运作开始后，就与期望或预计的相去甚远。那么，一份企业计划的用途在哪里呢？答案是，提前拟订一份企业计划的活动迫使企业家去思考在企业的运作过程中，现在或将来要涉及的所有关键问题。

1. 思考关键问题

制订一份企业计划，迫使企业主去思考他们所提供的产品和服务的报价、可能实现的销售量。它迫使企业主仔细考虑将要发生的、把产品推向市场的所有开支。它迫使企业主去计划即将需要的人才，即将需要的办公用品和设备，租赁、公共事业和薪金所需要的钱以及所有牵涉企业成功的细小因素。通过提前订出一份企业计划，企业家就必须通盘仔细分析这些数字的每个部分，在开始之前就把它们连成一幅蓝图。

2. 你能从彼地到达此地吗？

多年来，我与热切希望开创新企业的创业者们共事过。然而，当他们一旦需要通盘考虑，收集所有必要的信息去完成一份企业计划时，他们就意识到，这个企业无法运转。他们既没有足够的把产品或服务推向市场的相关成本，也没有足够的市场。有时，达到无亏损所需的时间太长，或出现他们没有考虑到的其他因素。我们听过这条谚语："你不能从彼地到达此地。"有些人通过详细写出一份企业计划，首先明白了的一点就是，开创这个企业不是个好主意。

非常有趣，当你去银行借钱或找一位风险投资专家，或准备雇一位高级执行官，他们向你要的第一件东西就是企业计划。如果没有一份企业计划，你当场就暴露出自己不是一名称职的管理者，这是企业失败的头号原因。没有企业计划，你就没有信誉，你会发现得到去建立企业所需要的支持几乎是不可能的。

永不放弃

企业成功的重点之一是，企业所有者有高度的决心、毅力和耐性。风险投资家面对数百份企业计划，最终投资的很少超过其中的1%。他们会告诉你，在决定是否给一家企业投资时，企业所有者的品质和能力比其他方面都重要。他们不仅看重你所提供的产品或服务，聪明、能干、有经验的人也是创立成功企业的基本。

决心、毅力和耐性与企业成功密切相关。不是所有事情都会按你预想的那样进行。你将要在不同方向中不断地变化。你的最佳计划将遇到失望和挫折。但为了实现企业的目标，坚持不懈地寻找更快、更好、更有创意的方法的能力是你成功的关键。

1. 成功需要时间

根据对上千家企业的研究，有些简单法则让你可以预计出所需要投入的时间。首先，在一个普通的企业里，达到无亏损状态需要两年的时间。在前两年，你将以飞快的速度学习。在这期间，你几乎肯定要在财务上波动起伏，要努力保持冷静。你可能需要从朋友和亲戚那里借钱，时常身负重债。这是一个企业创办者去学习开创和经营一家成功企业的一部分。

2. 盈利需要四年

对一个新企业来说，扭亏为盈需要四年。如彼得·德鲁克所言："没有一个企业能在四年内就创造出真正的利润。"对于每一个试图打破这一规则的企业创办者来说，都会以财务灾难而告终。看看所有那些在超级碗广告节目上斥资百万美元的互联网公司身上发生的事情，他们试图让企业立即进入销售并且盈利，而不是随着时间慢慢来。

在企业的第三、第四年，你将盈利，并会得到比你投到这个企业的成本更多的钱。在这个阶段，你将偿还在开始的两年内累积的所有贷款和账单。

第三个法则是，你的利润率会在企业的第七年强力爆发。掌握企业所有者的技能需要这么久的时间！没有捷径。你需要耐心。亨利·福特曾经写道："对于成功企业的最重要的两个要求是，远见和耐心。"缺乏耐心的人就缺少在任何企业中成功的关键品质。

三元素

有一个基本法则是说，任何新产品或服务进入市场并且成功，必须要在至少三个方面优于它的竞争对手。你的工作是，发现三个不同的方面，以此提高自己产品的合意度，让那些已经使用其他公司同类产品的消费者转向你。

便利店产业就是围绕把商店推向顾客的三个概念建立起来的：它们提供范围不广但最受欢迎的产品，营业时间更长，让顾客更方便地前来购物。通过注重这三个方面的不同，全美便利店产业现在年销售额已达数十亿美元。

多数财富都来自在已经形成的市场中，向已经存在的顾客提供已被大家接受的产品和服务，但找到了一种方式去改善生产、销售、交付和服务中的某一环节。

在美国，新品牌的产品或服务成功率只有10%，而改良的产品或服务的成功率大概有80%。通过遵循市场规律，在一个已成形的市场中提供改良的产品或服务，你就能把成功的概率从10%提高到80%。这就是成败的区别。

为了企业的成功你必须提出和回答的问题

为了在竞争的市场中获得成功，你必须能够回答几个问题。观察你现在在做的事情，把这些问题和答案应用到你的企业中。

你的产品合适吗？

首先，产品或服务必须非常适于当前市场的需要。这表明，消费者现在就想要它、需要它，能够使用、负担得起，而且他们愿意来买。对于产品或服务，如果没有即刻和紧迫的需求和欲望，那它就会在竞争的市场中失败。

你做市场分析了吗？

企业成功的一个主要原因是，在你开始经营企业之前做了仔细的市场分析。换句话说，在你开创产品或服务之前，你对是否有市场进行了深度思考。

当我为企业做营销和销售咨询时，我总对它们正在考虑推向市场，或已经投放了但销售不是特别好的产品或服务提出三个基本问题。

市场问题1：这个产品真的有市场吗？记住，"错误的假设是每一次失败的根本"。许多企业创办人激动地把产品或服务推向市场，可他们没有"往后站"，没有客观地评估是否会有顾客购买这种产品或服务，他们不管消费者正在使用什么，或竞争市场中还有哪些同类产品。

市场问题2：这个市场足够大吗？开发一种新产品或服务，并把它推向市场的成本可能相当高，因此对于这种产品或服务要有足够大的市场，必须首先去证明生产它所需要的全部时间和费用是合理的。

吉列刚刚把它的一种新型四刀片剃须刀投放到市场时，公司对该产品的开发投入是10年、超过5亿美元。这种剃须刀的市场就必须是庞大的，而且要持续很多年，只有这样才能首先把生产此种剃须刀的成本打平。

市场问题3：市场足够集中吗？在特定地区内有大量的客户吗？或者在你的公司不破产的前提下，能通过广告和促销努力去发展客户吗？

今天，凭借互联网或精良的直邮广告，产品信息迅速而低廉地到达全世界的消费者是可以实现的。但如何以有成本效益的方式让足够数量的消费者知悉你改良的产品或服务，可能就决定了你企业的成败。

在美国，一种特殊的产品可能会有10万个市场。但如果全国的每个社区的需求量只有一两个，那么凭借任何广告或销售努力都不可能传到消费者那里。即使对于一件新产品有巨大的需求，若以具备成本效益的方式不能到达足够集中的市场，公司在把它推向市场的过程中就可能遭遇破产。

谁是你的客户？

为产品或服务识别客户，这是市场调研的中心问题。就年龄、职业、地位、收入水平、性别、品位、习惯和兴趣而言，谁是你的理想客户？你越精确地识别出理想客户，你设计合适的产品或服务，并有效地推向市场就越容易。

你可能犯下的最大错误是，大胆地推销给错误的消费者，无论你的产品或服务有多好，这类人不能或不会购买你的产品。

他们为什么会从你这里购买?

明确你的理想客户为什么会从你这里购买。他们寻求的价值是什么?你的产品或服务将要为客户做些什么,使得他们想从你这里购买,而不是别人那里。为什么你的理想客户会因为你的产品或服务从他们现有的供应商那里转向你这里,而不是继续向现有的供应商购买?许多小公司的破产都是因为它们没有足够好的理由让消费者从现在的供应者那里转过来。

别的选择呢?

明确还要提供什么。为了满足相同客户相同的需要或解决相同的问题,还有什么别的产品或服务?你的产品或服务如何以一种有意义的方式比你的竞争对手更胜一筹?

特别是,你如何决定自己与竞争对手的位置,让你的预期客户认为你的产品或服务比其他家的更出色、更值得拥有?

每个顾客的成本是多少?

企业里最重要的概念之一被称为"获得成本"。这是你为了得到一个客户,在广告、促销、营销、直邮、佣金等方面所需要的数额。这个数字要提前计算出来,放到你的财务规划中。不能准确计算出获得每个客户所需的成本,会很快毁掉你整个企业的财务。

你或许听过有人开玩笑地说:"我们在每笔销售上都赔了钱,但却在数量上找了回来。"这可不是闹着玩儿的。有很多公司销售大量的产品,但因为它们的获得成本太高,实际在每笔销售上都赔了钱。别让这种事发生在你身上。

伟大的营销问题

当与大小公司一道工作的时候，我写出一个概括性问题，然后逐行分解。你提出和解答这个问题的能力将大大决定你的企业是成功还是失败。对这个问题中任何部分的不完整或不准确的答案，都会让企业陷入难以摆脱的麻烦。这个问题就是：

"准确地说出，**什么产品或服务**要卖给**谁**，以什么价格、**如何**销售，通过**谁**，**如何**付款、生产、交付、服务？"

1. 就其为消费者的生活或工作带来的变化或改善而言，产品或服务究竟是**什么**？

2. 打算卖给**谁**（精准的）？

3. 打算以**什么**价格卖给消费者？

4. **怎样**以这个价格卖给这类消费者？

5. **谁**将以这个价格、用这种方式卖给这类消费者？

6. 要**怎样**付款，什么时候？

7. **如何**生产、交付和服务？

不能回答上述七个问题对企业来说将是致命的。改变任何一个答案都会完全改变结果。

归根结底，你以有成本效益的方式销售产品的能力，营销、广告、销售、佣金、旅费和所有促销成本就是企业成功的关键。成为或找到合适的销售人员，进行有效的销售演讲，与足够大量的潜在消费者进行交谈，都是整个生意过程的中心。像一条法则中讲到的："在销售产生之前，任何事情都不会发生。"

现金流是企业的生命能量，花钱只为创造更多的现金流。推迟、延期或取消任何不能增加销售和收益的开支。企业成功的一个主要因素是紧缩的财务控制，特别是在初始阶段；企业失败的一个主要因素是，投入了太多不创造现金的费用，特别是在企业初创期。

进入游戏中

让我们假设你现在决定开创自己的企业。如何发现一种新产品或服务，在五年内组织80％或以上新的、不同的内容？下面是多年来由成功的企业家使用过的16种方法。

从自己开始

观察你自己。开始于你的智慧、能力、经验、知识、兴趣、背景、教育等。

仔细观察你现在的工作、你现在的企业、你现在的位置或你现在的产品或服务。在你脚下审视自己的生活和工作，寻找你自己的宝石。

下面是一些问题：什么品质成就了迄今为止你最大的成功？哪些个人技术及能力把你带入了今天的状况？你怎样用这些技术和能力去开创一个新企业？

如果你已经有了一家公司，今天你的企业有哪些特殊的智慧、能力、经验、知识、兴趣和背景？直到今天，使你公司成功的是哪些品质、能力和技术？你最擅长做的是什么？在你的企业里现在最大的机会是什么？

很多财富都开始于看见消费者没有被满足的需要，而这些消费者当前选择的公司没有兴趣去满足。推动力时常源于消费者的要求或抱怨。最终，有些人决定要开始一个新企业，有时是作为兼职，去满足这些客户正在渴望的需要。它可能是汤姆·法提欧下班后处理垃圾，或罗斯·佩罗接管大公司的数据处理。有时，一个巨大的商业机会正在目不转睛地盯着你，就在今天。

什么能令你兴奋？

寻找一个你能真正有热情的产品或服务。有时，人们致富是因为把自己的爱好转化、转变到一个企业里。皮埃尔·奥米达亚（Pierre Omydar）把收藏Pez糖果盒当成爱好。为了试图为他的Pez糖果盒找到市场，他开创了一家小小的网络公司，这家小公司已经成长为易贝（eBay），在全世界有上亿客户。

你总会成功地创造或推销那些自己真正热爱和牵挂的东西。每一件产品或服务，每一家企业，都必须有拥护者，这些人坚信这件产品或服务对顾客来说有价值。在企业里，每一件产品或服务都必须有人真的热爱，并急切地要把它讲出来，告诉其他人。

你能改进什么？

在一个现存的产品或服务中寻求某些改进，而不是发明一个全新的东西。寻找更便宜或质量更好的产品或服务。寻找当前产品尚未提供的其他特性或功能。在人们已经购买和使用的商品上寻求改进。

改进一个现有的成功产品或服务，是创建成功企业最迅速最保险的方式。一个想法只需要有10%的新意就能捕捉到可观的市场份额。普通、流行的产品类型是很安全的选择。没有经过市场证明的新产品风险是很大的。

差不多100年来，很多公司一直在生产和出售面包圈。美国有数以千计的面包圈店在做着成功的生意。十几年前，一家新公司卡卡圈坊（Krispy Kreme）进入这个市场，提供一种面包圈，与在这个行业里经营几十年的其他面包圈公司相比，产品只有细微的区别，只是更高级一些。

几年内，卡卡圈坊就横扫全美。卡卡圈坊面包圈特许经营店每平方英里的平均销售量，要比美国几乎任何其他面包圈店或快餐特许经营店都高出500%。品质上的一点点不同，都转化成财务结果的巨大差别。你的可能性在哪里呢？

找到提供价值的途径

发现一件新产品或服务的另一个关键是，寻找代表真正价值的东西。寻找对消费者的生活或工作质量有重要贡献的产品或服务。别去赚轻而易举的钱。别关注小玩意儿或没用的小摆设。别寻找快速致富的捷径或不需努力的回报。它们是毫无价值的。

打开你的眼界

寻找新产品或服务的一个好办法是，阅读报纸上的故事、文章、广告和分类广告。当公司有新产品或服务要销售时，它们时常在杂志、报纸和网站的"商机"栏目中刊登广告。

你会在商业杂志《华尔街日报》、《今日美国》（*USA Today*）和你当地的报纸及各大网站上找到这些"商机"。如果看见一种吸引你的产品或服务，你都可以拿起电话，让公司发给你一些信息。很多人都是这样致富的。

阅读你那个领域的商业杂志

阅读商业杂志，特别是你那个领域内的知识或专家的意见，这能帮助你找到新的产品和服务。一个大的城市图书馆里通常有大量的商业杂志。更好的办法是，应该每月订阅你那个领域里所有重要的杂志，一页一页地浏览一遍。

一旦你对一种产品或服务有了想法，上网把这个产品或服务的名字输入搜索引擎，然后开始冲浪。比起习惯性地用几天甚至几星期的传统调查而言，网上冲浪能让你在几分钟内得到更多的信息。

无论什么时候出现一个新的突破性的商业理念或产品，它都会出现在出版物上，在企业里对使用或销售这种产品或服务感兴趣的人会阅读。例如，在我的一笔生意上，我们看见一则关于已在美国东部发明的一种新方法的故事，它能完美地匹配上我们现有的操作。我们立即给开发商打电话，飞过去，仔细检验了产品，并拿下它在加利福尼亚州的独家代理权。如果这个新方法经证明是成功的，那利润就是巨大的。你也可以做出相同的行动。

参加商业展示和展览会

找到新产品或服务的一个神奇的方式是去参加商业展示会。全国、全世界一直都在举办特别产品或服务的专门展示会。你进入一场商业展示会所需要的全部就是一张名片和一小笔费用。

无论何时，当一家公司想向尽可能多的观众介绍一种新产品时，它都会立刻到一场商业展示会上占据一席，这种会场将有来自全国甚至全世界的买方参加。公司在商业展示会上的主要目标是，为它们的产品在自己还没有代理的地区找到零售和批发的分销商。

当你步入一场商业展示会时，要以零售消费者的身份出现。在登记处签下字，缴入场费，介绍自己是一位消费者，希望买些会上提供的产品。在展会里四处走走，与货摊的人员交谈，了解他们在提供和销售什么产品，了解这个市场的大小和未来的方向。向他们询问这个行业的走势，问他们什么是成功、什么是不成功。

关于一个行业，你在展会里的几小时，能比自己调研很多天甚至几星期得到更多的信息。在展会货摊的人员往往对整个行业相当熟悉。对于开创一个成功的企业来说，他们能给你提供无价的想法和见识。

另外，他们许多人在相互竞争。通过询问不同公司的产品或服务与别家公司提供的同类产品的区别，你就能得到无价的信息，从而做出更好的商业决策。

询问你的朋友

告诉你的朋友，你正考虑开办一家新企业，正在寻找关于新产品的想法。比如你正在寻找要出售或分销的商品，让他们帮你关注。有时，你的朋友会遇到你无法遇到的人，看见你无法看见的事。他们时常会在旅行中迸发出一个新产品或服务的念头，然后传达给你。

在全世界范围内寻找产品

有关新产品构想的一个很好的来源是外国出版物。每一个拥有巨大出口市场的亚洲国家都通过它的领事馆提供一个分类目录，列出正在全球范围内寻找分销商的公司的所有产品。你可以打电话，或拜访总领事馆，又或上网得到你能进口到国内、独家代理、开创一个企业的大量产品信息。

在欧洲，提供产品的目录时常以欧洲作为整体，逐个国家列出。这些目录囊括了欧洲公司寻找分销商的数百件产品。有时，这些产品提供的分销权是需要请求的，因为还没有其他人想过去申请。

搜寻隐藏的机会

所有产品中95％从没在它们本国以外的地区销售过。任何国家的多数中小型产品生产商都忙于在本地销售尽可能多的产品，他们从未想过要冲向全世界的市场，这就为你提供了巨大的潜在机会。

当你在任何地区发现一种新产品或服务时，目标是要在你的市场地区内取得独家代理权。有时，这些权利是可以请求的。产品生产商忙于他们目前的生意，没有太过考虑要有更大范围的分销，这可能是你拥有成功企业的起点。

引进新的、不同的产品

几年前，一个年轻的企业家得到一本荷兰制造的正在世界范围内寻找分销的产品目录。他在园艺方面有背景，因此特别痴迷地研究一种特殊的塑胶小推车，这款车看上去要比美国市场中提供的任何同类产品更结实、更便宜。

他写信给这家公司，申请在美国和加拿大市场上这个产品的独家代理销售权。这家荷兰公司寄来一件塑胶小推车样品让他检验。他把样品拿到一个国家级的商业展示会上，并介绍给全国的连锁店和园艺商店的买家。

这些职业买主立即看到了这种新型塑胶小推车的潜力，在第一次展示会上就下了5万件的订单。它因新颖、轻便、不易腐蚀、便宜而一炮走红。这个塑胶小推车每件利润超过10美元。在没有投资的情况下，他从自己的第一次冒险中获利超过50万美元。睁大眼睛是值得的。

看自己的脚下

发现一种新产品或服务的好地方是你的脚下。你自己的思维里可能有一个价值100万美元的想法。许多人都有过这样的经历，他们一面把对一种产品或服务的想法推到一边或忽视，一面又不断地抱怨。同时，其他人提出同样的想法并推向市场，挣下100万美元。

据估算，人们每天开车上下班平均会出现四个想法，其中一个会让他们赚到100万美元，只要他们能把它探究到底。人们都有一种自然倾向，就是贬低自己的想法，认为如果是他们自己的想法，就不值那么多。别让这种事发生在你头上。留意你自己的领域和技能，留意你自己的思维，相信你自己的想法。

当你旅行的时候，睁大眼睛

发现新产品或服务的另一种方式是旅行。睁大眼睛寻找机会。有时，只是发现一种在别处做得很好，而你的市场还没有的产品或服务，就能让你致富。

我的一个朋友飞往美国东部，去视察一个他在杂志上读到的商业机会。在飞机上，他旁边坐着一位给一家全国性连锁店做企业拓展的专家，此人在为他的企业寻找独家特许经营代理商，但这是一次不成功的商业旅行，他正从加利福尼亚返回。我的朋友问了他一系列的问题，立刻意识到，这正是他要找的代理权。他在飞机上就签下代理合同，在纽约机场转机，飞回加利福尼亚开始了生意。

他立刻走进一家几乎停业的新购物中心，申请一个重要的位置。那时，那个位置已经租给另一家公司了，但这家公司在最后一刻退出了。购物中心的业主原本不愿把摊位租给一个没有经验的商人，但他也希望这家购物中心能在新开业的几周里爆满。于是他就抓住我朋友的这个机会，租给他了。

事实证明这个位置非常棒，生意兴隆。我的朋友又开了一家代理，购买房产，每天开始有数百美元的净利进账。七年后他成了富豪，并是这个城市里最成功的年轻商人之一。类似的机会也会围绕着你。

迅速向机会进军

一个锐意进取的企业家彼得·托马斯（Peter Thomas），居住在加拿大的温哥华，非常遵守这条快速行动战术。当阅读关于在加利福尼亚一个叫作"21世纪"（Century 21）的新兴房地产代理的故事时，他正在夏威夷海滩度圣诞假期。他立刻从海滩上爬起来，进酒店结账，然后飞往加利福尼亚的尔湾，到了那里，他走进"21世纪"的办公室，请求加拿大的独家代理权。

简短的讨论之后，他拿到了代理权，在加拿大设立了"21世纪"房地产分支机构。这是一次巨大的胜利，从一个海岸到另一个海岸。它让托马斯成为富豪。

为了得到在你的市场中销售一种产品的权利，你所要做的一切就是，去请求。但有一个前提。在你把一种产品或服务带到自己的市场以前，必须完全确认这个东西已在别处卖得很好。许多生产商和分销者试图把产品推向他们以外的市场，是因为他们在本地的销路并不好。你投入时间和金钱去别的地方销售之前，要确认这个产品已经取得了成功。

不断扫描机会的雷达

睁大眼睛，对出现在你周围的新商机保持警觉，形成一种挣钱的心态，不断就创造和留住消费者进行思考。寻找消费者想要的产品，或是消费者能到达的可以提供新产品和服务的地方。

我的一个朋友凭借一条简单的战术就成了富豪。当一个新购物中心在这个城市四处宣传时，他立刻跑到那个购物中心所属街区的土地所有者那里，购买了他们的土地。随着时间的推移，他可以用低成本购买和开发商业资产，从建成后的购物中心创造的大流量交通中受益。他把这个战术重复了几次，对每一项资产都产生杠杆作用，直到取得财务上的自由。

找到你喜欢并信任的

企业成功的最后一条法则是，你只能在自己相信、自己使用、会推荐给你最好朋友的产品上取得成功的营销和销售。我经常看见人们犯下关键的错误，他们试图去销售连自己都不使用的产品或服务。有时，他们试图销售一种他们个人买不起，或没有发现其魅力的产品。他们不会把手里的产品推荐给朋友或家人，但他们相信会有别人愿意购买，即使他们自己不会。

你相信自己的产品或服务的质量和价值的程度，与你有多大能力卖给别人之间，似乎有直接的关系。你必须喜欢并信任。你必须绝对相信这个产品或服务能够提高别人的生活或工作质量，并且想急切地告诉他们。

上面是你能发现新产品或服务的16种方式。还有更多。事实上，隐藏在你周围的有关产品和服务挣钱的点子，比你几生能追随的还要多。如果你对发现一个新生意的想法是认真的，那你就没有极限。

在投资之前，测试你的想法

科学研究中有一个过程叫作"反面假设"。因为企业家有时会对一个商机异常兴奋，对于你在考虑投入时间、金钱和感情推向市场的任何产品或服务而言，使用"反面假设"的方法很重要。

运用反面假设，科学家就要定义他或她想要证明和做出的某个命题的对立面。例如，科学家可能假定："每天服一片阿司匹林，会稀释血液，降低老年人心脏病发作的可能性。"于是科学家就要做出反面假设："每天服一片阿司匹林，不会降低老年人心脏病发作的可能性。"然后科学家就要试图去证明这个反面假设是真命题，进行各种类型的双盲和安慰剂测试，证明阿司匹林对降低心脏病发作没有积极的疗效。

如果在试验结束时，尽管科学家尽了最大努力，他或她还是不能证明这个反面陈述，那么这个命题的正面形式就被证明是真命题："每天服一片阿司匹林，会降低老年人心脏病发作的可能性。"

做你自己的失败倡导者

在把新产品或服务引入市场之前，你也应该对它做一次反面假设。就像一个练习，努力去反驳这种产品或服务存在盈利的需求。如果你不能反驳这个命题，那你就缺乏理由相信这种产品或服务是有市场的。

迅速而低价的市场调研

你如何能迅速而低价地进行市场调研？在投入太多金钱或时间以前，

你如何能发现这种产品是否会有销路？这些经常是决定你企业成败的关键问题。

在开始任何新的创业冒险前，你必须在调研中投入大量的时间和金钱。它将节省的时间和金钱会超过10：1。你投入市场测试中的每小时每分钱都将节省10美元、20美元或30美元。下面是几种方法，通过它们你可以预先发现对于你的新产品或服务存在足够大而且能够盈利的市场。

做好你的功课

找出这个产品或生意的每一个细节，仔细地研究，做你的调查，拜访同行业的其他公司。向销售和使用产品的人提问。不要单凭信念接受任何事。

在汽车时代之初，美国有超过300家汽车制造商。克莱斯勒公司（Chrysler Corporation）的创始人沃尔特·克莱斯勒（Walter Chrysler）坚信，自己有可能打造一款比任何竞争对手都出众的汽车。他的战术很简单：走出去，买下几辆最流行、最畅销的汽车。他把它们开回家，放进自己的车库里，彻底拆开，哪怕是螺母螺钉，然后再把它们组装起来。

拆装完每一辆汽车时，他就有了一些绝妙的主意，知道如何打造一款比其他任何汽车更出众的产品。在这种努力下，他引来财务支持者，组建了克莱斯勒汽车公司，创造了这个国家伟大的财富之一。

关注其他人正在写的、说的

在你开始一项创业冒险之前，阅读商业杂志，了解关于企业、行业或职业的股市。这里是你可以利用的一个技巧：在每一个大城市的图书馆，都有《读者指南》。图书管理员可以带你去进行期刊检索，告诉你怎样使用。

一旦你判定要阅读哪篇文章，就可以去找图书馆文件的小卡片，或上网得到上星期、上个月、上一年度或过去五年的有关特定产品或服务的全部文章信息。你可以通过使用《读者指南》，让自己成为某一领域的专家。

许多咨询顾问会告诉你，当客户向他们咨询某个特殊主题的信息和建议时，他们都会去图书馆，浏览那个主题的期刊检索。他们经常会投入几个小时，然后就对那个领域当前的情况了如指掌。他们经常以咨询服务的形式，以每小时数百美元的价格向他们的客户出售建议。你也能做相同的事，查阅《读者指南》。在开始之前，详尽地熟悉你的行业。

询问其他人的观点

找到已经身在同类企业里的人，询问他们对于产品或服务的观点。问问他们是怎样思考这一行的，问问他们是否愿意推荐别人进入这一行。

别害羞或偷偷摸摸地咨询信息。在我的研讨会上，人们时常走到我这儿，向我咨询有关他们正想进入的某个生意的意见。那时我会问："那么，你的生意想法是什么？"令人惊讶的是，他们不会告诉我他们确切的生意想法。他们说，他们害怕有人会偷走他们的主意，他们要保守秘密。

想法是不值钱的

事实是，关于生意的想法是不值钱的。在新的生意想法中，有99%无论如何都无法运作。对于一个新企业、新产品或服务的销售和营销来说，你可能做出的最傻的事就是把关于它们的想法当成秘密保守起来。相反，要保持开放。告诉人们你在考虑做的事情，从已在这个行业的人那里得到反馈。单凭这些建议就能为你节省成百上千美元。它甚至几次挽救了我的财务生活。

当你走向那些已在这个行业里的人，告诉他们你在某方面改变或提高这个事情的想法时，别担心他们会拿走你的构想。行业里的多数人已经在几年前就有过你的想法了，或对它没有丝毫兴趣。通常，他们在忙着努力把自己的企业做成功，没有时间和金钱去考虑试验一个别人提出的想法。

依靠你的银行经理

向你的银行经理询问他或她的观点和意见。一位处理商务客户的银行经理经常对哪种企业会成功、哪种不会成功有着极其敏锐的感觉。几年前，一次与我的银行经理几分钟的会面挽救了我正考虑的一项20万美元的投资。他向我指出那件生意中的弱点。他向我提了几个问题，有关产品、客户市场、利润率水平和竞争。我无法给出明智的答案。结果，我没有进入那宗生意。这个人告诉我，如果我不充分了解自己正在谈论的事情、前进的方向，那投到生意里的每一分钱都会赔掉。

一定要向你的银行经理寻求建议。银行经理多年来与上百家企业合作，对在今天的市场竞争中什么会起作用、什么不会都有着非常好的感觉。你的银行经理可以作为你寻求企业建议的最佳渠道之一，还是免费的。

询问你的朋友和家人

向你的朋友、家人，甚至是熟人找寻信息。家庭成员不仅是信息来源的好渠道，他们也是市场调查的好目标。询问你的家人和朋友，他们是否愿意购买你正考虑提供的产品或服务，他们愿意花多少钱。听听他们的问题，听听他们的批评，听听他们的顾虑。如果你无法以符合逻辑的、可以信赖的方式回答他们的问题和顾虑，那么你的想法可能有些问题。

得到一位顾客的意见

拜访这件产品或服务的预期客户，问问他们是否愿意购买。如果你想把一件产品卖给公司，去问问那类你想向之推销的公司，倘若你生产并提供这件产品，它们是否愿意购买。如果你想卖给零售商，那就去零售店，问问他们是否愿意购买并在他们的店里出售。

预期客户通常都很坦率。有时他们会给你黄金思路。

研究你的竞争对手

为你正考虑提供的产品或服务去研究所有的竞争对手，提出问题："为什么有人会转过来购买我的？"如果在市场上已经有了一件类似的产品或服务，为什么有人会放下他们习惯的东西，而来购买他们一无所知的你的产品或服务？是你的产品、服务或想法更便宜、更好或质量更高吗？你如何能让客户足够相信你，并与你做交易呢？

特别是，要仔细地研究最成功的对手，学习能让他们打败其竞争对手的方法。作为一名企业所有人，要把赞美那些在你的行业里做得好的人当成一种习惯，贯穿你整个的职业生涯。努力比他们做得更好。

成为一个悲观的乐观主义者

要进行快速、低价的市场调查，一个特别好的方法是，变得多疑、机警。形成一种愤世嫉俗、悲观的态度，不要基于信念接受任何事情。在你的企业定位中寻找致命缺陷。

无论我什么时候为一家公司做咨询，特别是当他们要我为一项投资、新产品或服务做调查时，我总是寻找致命缺陷。我总是寻找那项投资中可能浪费掉我客户大笔钱的事情。

你知道发生了什么吗？在99%的案例中，我都发现了致命缺陷。我在合同或抵押协议或某种形式的土地支付，抑或签署的分销协议中都能发现问题。我寻找的是那些如果未被发现，就会导致企业失败的问题。

没人出售成功的企业

无论什么时候有人向你出售一家现存的企业，一定要知道原因。如果一家成功的企业以任何原因要被出售，那它几乎总在某处有致命的缺陷。无论何时有人试图向你推荐一个成功的赚钱机会，那几乎肯定有问题。如果你找不到这个致命缺陷，并完全相信它没有，这时你才可以向前走。

出售一家企业的人通常是因为他们在那里赔钱了。他们有时会说："我出售这家企业的原因在于，想集中精力去做别的事情。"但他们出售企业的真正原因是，他们正在赔钱。花时间找出卖掉一家成功企业的原因，他们极少会告知你。

寻找隐藏的可能性

多年前，我的一个朋友要接受一家公司的出售，那家公司每年的销售额有100万美元，可从来不盈利，它只是不亏本。我的朋友仔细地研究了财务报告，然后报价10万美元现金。业主接受了这个报价，同时，如果新业主想让他继续的话，他志愿继续经营这家企业。

但我的朋友是名会计师，他注意到，几年来这家企业的业主已经把他的个人工资涨到一年20万美元，同时每年付给他的长期秘书7.5万美元。在我的朋友结束收购的那天，他把两个人都解雇了，每年砍掉了27.5万美元的运营费用。然后他雇了一个总经理，一年5万美元，并给经理配了一个助手，年薪2.5万美元，几乎在一夜之间就把这家公司从无盈利变成盈利20万美元。这家企业的致命缺陷在于，关键人员的工资结构完全失控了。有时，只要学会阅读财务报表，你就能发现这样的机会。

考虑企业的长期发展

在投资之前就做好打算，你要在接下来的20年里经营这家企业。原理是，"**长期视角改善短期决策**"。如果你对任何企业风险、任何产品或服务都从现在起20年内的经营目标出发，你将发现自己在做短期决策时会有多机敏。

听取负面意见

寻找并仔细聆听对你的想法持负面态度的人。你的目标是成为一个"现实的乐观主义者"，但你应该寻找消极的思考者来激发你的乐观主义。反面的意见可能是无价的，通常会节省你大量的时间和金钱。

我的一个朋友是一家企业的律师，他给很多人投资方面的建议。但当有人找到他，想要进行一项他们还不确信的投资时，他都会做一个小活动。

他把他们带到自己的办公室说："我要你坐到我桌子的后面，想象你是我。然后我会进来，把这项投资提交给你。我要你来批评这项投资，就好像你是我的顾问。"

当他的客户开始批评他们正考虑进入的投资时，被迫对提议的投资产生了怀疑。我的朋友说，他们都惊讶于这项投资原来有这么糟糕。他通过强制顾客从反面思考自己的想法，转换角色，当他们坐在桌子后面而他坐在桌子前面，就挽救了他们的上百万美元。你也应该做相同的事情。

尽管确实需要考虑反面思考者的观点，但你没必要完全受他们的影响。玛丽·哈德逊（Mary Hudson）有一个著名的故事，她从大萧条时期的200美元起家。她租下一个加油站，这个加油站已经有两位男性在两个不同的时期经营破产了。每个人都告诉她，如果两个男人在过去都失败了，那么一个女人成功地经营加油站就是不可能的。

她无视他们的建议。从那个加油站开始，她建立了一家叫哈德逊石油（Hudson Oil）的公司，成为美国最大的独立汽油分销商之一。从200美元的投资开始，尽管每个人都告诫她会失败，她却成为这个国家里最富有的女性之一。听听反面意见会有帮助，但你没必要一定去接受他们的建议。

你的产品或服务的市场测试

你怎样对一种产品或服务进行市场测试？你怎样发现人们是否真的会去购买它？在一个有可能不成功的想法上投入太多的时间和金钱之前，你可以采取几个步骤，如下。

步骤1，得到或制作一个样品

做出或得到这个产品的模型或样品。如果它是在别处生产的，那就得到一个样品，好向别人做展示。如果你想自己生产一件产品，做出一个模型，好让你能展示它、证明它、拍下它。拥有一个样品或模型以便你可以让别人观看、接触、感觉，并给你意见。

步骤2，展示

多年前，我与日本的铃木汽车公司（Suzuki Motor）洽谈，要把他们的四轮驱动车首次带到北美。我的第一个请求是要三辆样车，他们马上运过来了。然后我们开着车给30个不同的经销商看，让人们观摩它们、触摸它们、感受它们、试驾它们。此外，我们还把这三辆车带到大大小小的展示会上，几星期内，我向超过4000位潜在客户进行了介绍。

人们一看见铃木车，并进行试驾，就立刻想要购买和拥有。我知道我们赢了。我们签订了进口和分销协议，购入了数千辆车，通过65个经销商卖出去。这是巨大的成功，它的起点是人们能真正看见和感受到的一个样品。

步骤3，知道它的成本

从你的供应商那里得到准确的价格和发货期。如果你打算去展示模型或样品，你必须能告诉预期客户它将价值多少钱、交付需要多长时间。你一定要有这些答案。

步骤4，询问一个购买者

得到客户的个人意见。接触那些你期望他们购买这项产品或服务的人，让他们告诉你，他们对你提供的东西是怎么想的、感觉怎样。询问他们："您愿意购买吗？"如果是零售经营，就问："您愿意在什么价位上购买？"

步骤5，客观

把你的产品或服务与市场上其他产品做比较。再次向自己提这个问题："为什么消费者会从我这里而不是别人那里购买？这个产品是在某方面比已经出现的产品更快、更好、更便宜或更高级吗？"

步骤6，展示

把你的产品或服务拿到一个商业展示会上。我前面提到过，美国每年有上万场这样的展示会。经验丰富的购买方都会去这些商业展示会。他们将立刻告诉你，你会不会是赢家。他们将相当迅速地告诉你，以你要出售的价格，你的产品会不会有市场需求。

这些职业的购买方有时是正确的，有时是错误的。那个开发游戏"打破砂锅问到底"（Trivial Pursuit）的人把产品带到多伦多的玩具及业余爱好者展示会上，只卖出132套。两个月后，他们把它带到蒙特利尔的另一个玩具及业余爱好者展示会上，又仅卖出144套。商业展示会战术对他们不起作用。

然后他们改变战术，直接去了位于纽约的一家重要的玩具及游戏公司——哈斯布罗工业公司（Hasbro Industries）。哈斯布罗的采购员看到了这个游戏的潜力，同意分销。接下来的几年里，他们卖出的"打破砂锅问到底"价值达到7.5亿美元。

步骤7，询问周围的人

询问你的朋友，他们是否愿意购买这个产品，或他们是否会使用这项服务。问你的家人、你的亲戚。有时，你的母亲就是一个优秀的测试对象。有时你的父亲就是你要去询问的那个人。有时你的兄弟姐妹或朋友在你是否会成功方面能给你准确的反馈。

如果他们说，他们会买这件产品或服务，那就请他们给予一个坚定的承诺。拿出一张订单，给他们发货日期，让他们付定金。

有时人们会告诉你，你拥有一件伟大的产品或服务，鼓励你进入他们其实并不相信的新领域里。当你之后再转向他们时，你将发现他们根本就不会是你的消费者。当你请求实际拿出钱的时候，他们会提出 1000 个不买的理由。

成功企业的精髓其实相当简单，它就是你提供产品或服务的能力。人们愿意以超过你成本的价格购买，因而给你利润，让你能购买和提供更多的产品和服务。它并不复杂。

如何建立一个盈利的企业

建立一个盈利的企业有几种方式。

寻找增加价值的方式

增加产品价值的一种方式是，从另一个地方带来产品或服务，然后在你所在的市场上提供。你可以引进一项产品或服务，然后以比你的总生产成本高得多的价格卖出去，赚取利润。你既可以通过销售几件高利润的产品或服务，又可以通过销售很多低价小利润的产品或服务来致富。

当然，你的最佳战术是，在每个项目上都以小利润去销售大量的产品。多数富人都因销售大量广泛的产品而扩展了市场，降低对少数消费者的依赖。

例如，看看销售游艇与销售口香糖或糖果的区别。因销售游艇致富的是少数人，靠销售口香糖或糖果致富的人更多。基本法则是："如果你想凭阶层吃饭，那你必须销售给大众。"建立一家大型、盈利企业的最佳办法是，在每个项目上以小的、可靠的、持续的利润销售大量产品。

在一个已建成的领域里开始

企业成功的另一个关键是，开始于一个已建成的领域，只用你拥有的企业利润去对新产品或服务进行实验。许多企业失败的一个原因是，它们想用新品牌和未经实验的、未经证明的产品首先打入市场。别掉进那样的陷阱中。

相信你内心的声音

阅读每一份出版物，探索每一次机会，对所有观点都保持开放，但最终仍要相信你自己。相信你内心的声音告诉你的正确的事情。所有优秀的商人都是因倾听他们内心的向导而变得强大的。

内心的声音会带你走向自己的最高层次。你得到的知识和经验越多，内心的声音就越敏锐、越准确。

当你在自己的思维中设想财富和成功景象，处处寻找盈利的想法时，你将开始把实现目标所需要的人和机会吸引到自己的生活中来。你的成功志在必得。

企业机会处处可见

就开创成功企业的机会而言，没有比今天更多的时候了。只有在你的想象中，你的机会才是有限的。如果你的想象是无限的，那么你的机会也就是无限的。在下一章，你将学到在创业企业里如何营销和销售。

行动练习 ··

1. 观察你自己，决定你真正愿意去制造和销售的产品或服务的种类。你个人对这桩生意的感觉将决定你是否能把它做成功。

2. 观察市场，识别未被满足的需要和未被解决的问题，看你能否用一种新的或现存的产品或服务填补上。处处寻找机会。

3. 测试你对新产品或服务的想法，从别人那里得到尽可能多的观点。开放地对待负面反应和批评，它们可能包含真理的种子和提高的建议。

4. 订阅几本你那个领域最流行的商业期刊，阅读"商机"部分，获取信息。你拥有的信息越多，你成功的可能性就越大。

5. 上网，找到你感兴趣的产品相关的商业展示会。制订一个计划去参加展会，花一两天的时间与参展商谈论你的企业的未来可能性。

6. 你开始在新风险上投入时间和金钱之前，先花时间制订一份企业计划。确定你的销售来自哪里，它们的成本是多少，它们的利润可能如何。

7. 运用你的智慧和想象力，而不是金钱和紧张忙乱的活动去取得企业的成功，把它形成习惯。时刻保持节俭。留有现金。

"总会有一个领域，那里有一个开放的思维和一只雄心勃勃的手。"

——查尔斯·F.凯特林（Charles F.Kettering）

Getting Rich
Your Own Way

7

营销及销售

"营销是从全局的视点来看整个企业，

也就是说，要用消费者的视角观之。

因此，对营销的关注和负责

必须渗透到企业的方方面面。"

——彼得·德鲁克

企业成功的主因无疑是个人或所有者以高效、有成本效益的方式把产品推向消费者的能力。企业失败的主因是糟糕的营销、销售能力的欠缺、销售部门动力的缺乏。

在我工作过的每家有麻烦的公司里，主要问题都是导致糟糕销售结果的无效营销，它也会引发收益下降和其他问题。

营销与销售的定义

营销可以被定义为"研究市场，确定人们向往、需要、能够使用和愿意支付的是什么的过程，然后及时、划算地提供这类产品或服务"。

营销分析能让你或你的公司，在正确的时间把正确的产品和服务推向市场。另一方面，销售是吸引消费者发现产品或服务的过程，并向他们证明你的产品或服务将带来他们向往的好处。销售是一个过程，证明你的产品是在一个合理的价格上解决消费者的问题或满足他们的需要。

彼得·德鲁克说："**营销的目的是使销售变得多余。**"你不可能让销售完全没有必要，但你的营销技能会占到销售成功的90%。幸运的是，营销技能是可以学会的。你可以通过在今天所做的事情上做些小小的改变和调整，大幅地提高你的营销能力。

营销组合

任何营销计划都有四个组成部分。当你在考虑设立、开创、扩大你的企业或销售任何产品或服务的时候，要不断思考的四个元素是：产品、价格、地点和宣传。

产品

第一个要素是产品或服务。你要卖向市场的确切产品或服务是什么？就你的产品或服务能为消费者做些什么给出定义。它怎样帮助你的消费者实现或保持某种愿望？你必须明确你所提供的好处，如果你的消费者购买了你出售的商品，他或她的生活或工作将会有怎样的改善。

价格

你打算对你的产品或服务收多少钱，依据是什么？零售方式的出售价格是多少？批发方式的出售价格是多少？你打算给出怎样的销量折扣？根据你的成本以及竞争对手的价格判断，你的价格合适吗？

地点

你打算以这种价位把产品卖到哪里？你打算直接从自己的公司销售，还是通过批发商、零售商、直邮广告、产品目录或网店？换个说法，什么地方的人将购买你的产品或服务？他们将会在哪里？他们现在在哪里？

宣传

宣传包含广告、宣传册、包装、销售员以及销售方法的每一个环节。你打算在这个价格和这个地点，怎样做宣传、做广告，去销售这件产品？从第一次接触预期客户到完成销售的过程是怎样的？

创造性营销来自不断质疑现状，寻找改变这一营销组合的方式——产品、价格、地点和宣传。创造性营销经常涉及加入新产品或服务，或改变现有的要素。它可能需要在价格、销售地点或宣传方式上进行改变。有时，营销需要你改变现有的产品或服务，以不同的价格出售，或在不同的地点提供，又或对它们进行不同的宣传。

你可以改变任何一个要素，然后进行测试，判断这种改变是否提高了销售量或利润率。有时可能需要一次性地改变两个或两个以上的元素，在销售结果上实现质的飞跃。无论如何，**营销组合是永远在变化着的要素的动态结合**。

在任何地方销售任何商品的五项法则

你一旦决定了自己的营销组合，在任何地点、任何时间出售任何商品都有五个最重要的法则，违反其中的任何一条都会导致销售努力的失败，往往是这样。

法则 1　你的产品或服务必须适应当前的市场。它的价格必须具有竞争力，它的宣传必须活力四射。任何东西都不会自我销售。产品和服务是卖出的，而不是买入的。

法则2　人们购买的是好处，而不是产品。他们购买的是问题的解决，是实现目标的方式。你必须清楚你的产品能解决什么问题，它能提供什么好处，或者它能帮消费者实现什么目标。

法则3　产品或服务必须满足顾客现有的欲望或需要，或是创造出一个即刻的欲望或需要。企业失败的主要原因是销售的商品没有真正的需求。在推进市场之前，对产品或服务测试得越多、越好，你就越能保证这个需求确实存在。

法则4　顾客必须相信销售人员，信任公司，确信在当前的所有备选中，这件产品或服务对他们来说是最好的。信誉就是一切。顾客对你和你的公司的信任水平，是他或她是否从你这里购买商品的关键因素。

法则5　顾客必须愿意并负担得起你提供的产品或服务，同时有真诚的愿望去享受它所带来的益处。向一个根本没钱购买你的产品、服务或从一开始就没真心想要的顾客销售是无效营销。

你必须回答的五个问题

在做一次销售之前，你必须准备回答五个问题。这些问题潜伏在每个消费者的思维之中，很少被大声说出来。然而，不能回答这些问题中的任何一个，都会让你销售失败，这甚至是可以预料的。你必须围绕这些问题的答案去设计你的销售演讲及方式。

问题1　"为什么我应该听你的？"所有的广告、宣传和销售努力都旨在抢先占领消费者，回答消费者的问题："为什么我应该听你的?"如果你在开始，通常是几秒之内，不能正确地回答这个问题，那么你就极少能得到卖出产品的机会。

今天，美国最稀缺的东西是"注意力"。普通消费者每天都被成百上千的商业信息轰炸着。从早上起床开始，电视、报纸、广告牌、互联网都在以数百条信息刺激消费者，它们都在以某种方式叫嚣："买我！买我！"为了得到销售的机会，你必须抢占先机，回答："为什么我应该听你的?"

问题2 "它是什么，它是做什么的?"一旦吸引了消费者的注意力，你就要迅速、清晰、准确地告诉消费者你的产品或服务是什么，它怎样改善大家的生活或工作，它能满足什么需要或解决什么问题。

令人惊讶的是，如今太多的广告没有回答这个问题。在你看过或听过广告后，依然不清楚这家公司在卖什么，或是你为什么要对它继续感兴趣。

问题3 "谁说的?"消费者对任何销售广告或断言都抱有怀疑。你需要立刻证明你的产品就是你说的那样。你需要来自消费者的满意证词。你需要某种可靠的研究。你必须通过提供一些证据，表明这件产品或服务会带来你承诺的那种结果或好处，以此解除消费者很自然的怀疑。

问题4 "还有谁已经用过?"没有人想成为第一个试验你产品或服务的人。消费者想听到已经满意地用过你产品或服务的顾客的现身说法。

问题5 "我得到了什么?"有效的广告或销售的法则是，一个10岁的孩子能读懂你的广告，然后能向另一个10岁小朋友明确地解释你在销售什么，为什么他或她会有兴趣购买。如果你的广告比上述复杂，那它可能不会成功。

在你的办公室之外评估每一条广告或宣传材料，确定它回答了上述五个问题："为什么我应该听你的?""它是什么，它是做什么的?""谁说的?""还有谁已经用过?""我得到了什么?"

多种销售方式

销售一种产品或服务有几十种不同的方法。普通企业只用了这些方法中的一两个。这些方法你熟悉得越多，在有限规模上试验得越多，你就越可能为创造财富的成功销售找到一套公式。

零售

销售产品的一个主要方法是零售。你能通过自己的商店销售你的产品，或者你能卖给零售商，让他们销售你的产品。成千上万种的产品是通过批发商和零售商设计、开发、生产和销售的。这可能是世界上用得最多的销售方法。

分销

你可以为自己的产品，在其他你不经商的市场地区招募分销商。分销商销售，可以像你在自己的地区或向现有的消费者，独家或非独家销售你的产品那样简单。但建立分销就像选择正确的人和公司一样复杂，要详细地培训他们如何销售和交付你的产品或服务，要向他们提供开展生意所需的全部素材和材料，要7×24小时地支持他们，确保他们成功地销售你的产品。

分销商肯定是独立的企业，用他们自己的名字和身份，还有他们自己对于如何做企业的想法。除了要求他们同意某一行为标准，你对他们如何继续开展其企业没有什么控制权。然而，为你的产品或服务建立分销商，能让你的生意短时间内在全国、全球扩展开来。

报纸

你可以通过报纸卖出一种产品。报纸广告的目的是，产生直接即刻的反应，把它转化成大大超过广告成本的销售额和利润。所有的报纸广告都致力于让人们现在就行动。它的目标是，让人们给你打电话购买产品，或亲自来到你的商店，这样你能介绍自己的产品并当场销售给他们。

多年前，一个为我工作的营销顾问有一个简单的公式："创造性的广告卖得好！"他说，即刻反应和销售结果是衡量广告好坏的唯一标准。

多年前，我在用广播和报纸宣传我的一件产品，由一家似乎不太擅长于此的广告商执笔。一天，在广告竞争中，另一位执行官代表他自己的广告公司打电话给我，问我销售得如何。我有些尴尬，告诉他，销售还不错。他说："我只问您一个问题：您的电话在响吗？"

那时，尽管广告费用不菲，可电话铃从来没响过。我请他来为我们的广告做一个新的企划。他的点子非常棒。我们雇了他们，一周内，新广告就让我们的电话频响。后来，我一直给我的客户使用相同的广告测试："你的电话在响吗？"如果没有，立即改变你的广告。

直邮广告

直邮广告让你查明你的市场，把你的宣传对准那些在最短时间内最有可能购买你的产品的人。

成功的直邮广告取决于你获得有效邮寄名单的能力，以及是否有一种对特定消费群量体裁衣的产品。直邮广告让你关注医生、牙医、律师、跑车持有人、研讨会参加者或其他任何易于统计的群体。

美国有几个组织专为那些想使用直邮广告来联系消费者的人开发和提供邮寄名单。邓白氏是这个领域多年来的市场领先者。美国奥马哈直邮（USA Direct of Omaha）有遍布全美的每一个类别的上亿名消费者的姓名、地址和资料。实际上，在每个大城市的黄页上都有邮寄名单经纪人。你也可以在网络上找到所需邮寄名单的全部信息。

你对销售的预期客户的类别越具体，你能得到的邮寄名单就越准确，你的直邮广告活动就会越有效。

邮购

为了通过邮购进行销售，你可以在经由选择的出版物或电视媒体等上面安排或大或小的广告，来吸引特定客户群。企业家保罗·霍金斯（Paul Hawkins）通过在花园爱好者阅读的杂志上安排小广告，销售花园工具，打造了一个价值4500万美元的企业。有些小企业开始于为他们的产品签约批发商，然后在报纸杂志的分类广告上以零售价出售。

互联网

你可以建立自己的网站或商店，对特殊类别的消费者提供特殊的商品和服务，同时与其他网站及企业合作，来吸引同类客户。

在可预见的未来，你将通过在某专门领域提供免费信息去进行网上销售，并让你的报价广为人知。当消费者来到你的网站利用你的免费信息时，你就能销售给他们高质量的产品和服务。随着拥有一个日渐扩展的客户网络，你的网站就会被口口相传，你的客户名单就会开始加长。

有许多关于互联网的误解。有些人认为，开一家互联网公司，赚很多钱是很容易的事情。事实是，开始任何企业、赚很多钱都不容易。在开始前你都需要大量深思熟虑的计划和准备。建立你的企业需要花很多时间，一步一个脚印。

在网上销售的几乎所有产品都是清晰和明确的。当消费者上网时，他们首先明确知道自己正在寻找的东西。在网上很难为一个新产品创造需求，因为消费者很难去触摸、品尝、感觉或试验。最成功的网络公司是那些以极具竞争力的价格销售著名产品的企业。想想亚马逊或是巴诺书店（Barnes &Noble.com）以及旅行网站如智游网（Expedia.com）。

直接销售

你可以通过直接销售卖出产品，挨家挨户。这种销售形式需要的能力是，写信或打电话预定约会、亲自拜访预期客户、识别预期客户的需要，然后做一次有效的销售展示。

直接销售往往需要向潜在消费者打电话。这意味着，你需要给以前从未见过或遇到的人打电话，或拜访他。在陌生的电话中，拒绝率很高。你需要吃苦耐劳和坚忍不拔。然而，一旦你懂得拒绝并非是针对你个人，克服了对这种电话的恐惧，实际上就能在任何市场中开创成功的销售。

研讨会销售

你可以做广告，把那些对你的产品或服务感兴趣的预期客户组织到一起做一次小组演示。在演示过程中，你可以解释你提供的是什么，它为什么对那些听众来说是理想的产品或服务，鼓励研讨会的参加者购买你正在出售的产品，或在后面的时间里安排一次私人见面。

研讨会销售主要用于销售商务服务，或是财务建议和企划。在这种方式下，成功的关键是，在你的主题下要给出好的价值和介绍，证明你的专业技能，并勾起他们想了解更多的欲望。如果你能吸引足够数量的预期客户，这种销售方式就可以非常成功。

聚会计划

或许你的产品能通过所谓的"聚会计划"卖出去。有些产品像特百惠（Tupperware）系列，以及特别的食品和特定的服装系列，就可以在家里举办一个展示会，邀请邻里朋友参与。销售员在那里做示范，把产品销售给参与者。男主人或女主人根据所有销售得到优惠或佣金。每年，人们以聚会计划的方式销售出数亿美元的产品。

合作邮寄

你可以通过合作邮寄销售产品或服务。许多大型邮寄公司，或其他公司会把你的产品宣传单和产品宣传册包在他们的邮件或发票中，这类公司将抽取你的销售总额的一部分。

如果有一张美国运通卡、万事达信用卡或通行卡，你就会很熟悉这种服务，你会连同每张发票一起收到产品宣传单。这些公司连同他们每年的发票发送出数十种产品的信息。

合作邮寄的最大优势之一是，销售产生之前，除了宣传资料的印刷费，你没有任何成本。

政府

不同的政府——乡村、城市、州、联邦——可能会对你的产品或服务感兴趣。在美国，政府是最大的消费个体，每年消费的产品和服务价值数千亿美元。只要发现一种在特定时期政府组织需要和想要的产品，你就能赚大钱。

如果你有一种产品或服务能供政府机构使用，你就应该走进乡村、城市、州或联邦政府的办公室。关于如何向政府官员销售的问题，找到你能发现的一切信息，学会如何出现在他们的报价单上。找到谁在进行购买，首先了解他们为什么购买。有时，你甚至可以开发特殊产品，专门为不同的政府，或专门为某一政府部门提供。

生产商代理

你可以通过生产商的代理来销售产品。在美国，有些公司在特定的市场地区代理多种产品。他们往往擅长于销售给一个特别的客户群，或擅长于销售一个特定种类的产品系列。

你可以做广告去寻找生产商代理，让他们以收取佣金的形式在其他市场地区为你工作。在他们阅读的专门杂志和出版物上做广告。最佳的分配办法是，你付给他们直线佣金。除非他们做成一单销售，否则你就没有成本。

连锁店

有些连锁店在全国有数百家商店。只需把你的产品销售给一个人——一个在总部的采购员——产品接着就会进入上百家店内。

许多企业家都是通过让沃尔玛或凯马特（Kmart）这样的连锁品牌在其所有的店里销售他们的产品而致富的。尽管这些大买方会攫取你最后一分钱，但销售量还是会被这些大型连锁店带到极为可观的数字上。

折扣店

你可以通过折扣店卖出产品。折扣店一般出售低于正常零售价的产品。有时，你可以重新包装或重新在你的产品上贴标签，通过折扣店销售，好让它不会伤害到你其他渠道的全价销售。

超市

连锁超市市场经常出售大量非食品产品。如果一家连锁超市出售你的产品，并且适合他们的消费者，你就可以在短时间内有庞大的销售量。

百货商店

你可以通过百货商店出售产品。它们的产品采购员非常谨慎，但如果它们喜欢你的产品，就会成为你的主要客户。

在你开始生产或进口一种特别的产品或服务之前，要去做的一件重要事情是，拜访这些百货商店的产品采购员，征求他们的意见。这些人整天应对供货商，通常对什么产品能在当前市场中大卖有着非常好的直觉。他们并不总是正确的，但他们的信息会省去你大量的时间和金钱。

批发商

批发商会把你的产品与他们的其他系列一同销售，直接卖给他们的零售顾客。

如果与批发商合作，你就要在低于零售价很多的价位上卖给他们。他们主要关心的是利润率，即在支付给你的产品价格与其能向零售商收取的价格之间，他们所能赚钱的空间。因此，批发商将竭尽全力压低你的价格。

下面是个重点。无论你什么时候卖给批发商、零售商、折扣店、百货商店、连锁店或杂货铺，他们都有一个共同的衡量标准。他们主要关心的是周转：产品能多快地卖出，每件产品的利润是多少？有时，这被说成是"周转率"。销售的速度乘以销售这些商品所能赚到的钱是多少？

这些人在生意中只有一个念头，就是每笔销售的利润。他们对威望、地位、魅力或吸引一个有限的市场这些事情没有兴趣。他们所关心的一切就是，销售量乘以他们能从每件产品上挣到的利润额。当与他们谈话时，你的产品质量会是他们关心的一部分，但你的产品所带来的利润率才是最重要的。在你的所为所言中，一定要满足这个主要兴趣点。

赠品销售

有些公司可能会把你的产品作为购买其他产品的奖励、赠品或红包派送给客户。如果你的产品成本足够低廉，并且有足够高的感知价格，公司常常会买下，作为一个低成本的诱饵，让人们来购买它们的主要产品或服务。

寻找这样的公司。有时，这些公司可以大量购入你的产品。

广告特制品

你可以把产品当成广告特制品销售出去。公司可以购买你的产品，把它们的名字印在上面，作为礼物派发，吸引它们的消费者。一些你熟悉的广告特制品，比如雕纹钢笔、烟灰缸、飞盘或棒球帽等。

特许经营

你可以通过特许商销售出大量产品。许多企业拥有被特许的能力，并在其他地区大量生产。在零售中，特许企业现在价值数十亿美元，不仅遍布全美，而且渗透到全世界。

实践证明，特许商是一个成功的体制。它是一个企业体系，所有的干扰和缺点都被排除了。如果被授予特许权的人一丝不苟地遵循企业设计的体系，它就是一个获利的模式，实际上在任何地方可以对任何人起作用。

一旦形成了一个成功的企业体系，像麦当劳、金考（Kinko's）或卡卡圈坊面包圈特许，你就有了一个可被复制的模型。像一道菜谱，它可以一遍遍地被重复，在每一个新的特许商那里得到相同的结果。

麦当劳在全世界有数万个特许商。麦当劳的特许体系已经被测试和证明了几万次，在每一类市场中，麦当劳特许商的历史上只有一两次失败。

特许权出售人可以相当精确地预测持有人每年按这个体系能赚到多少钱。但特许经营要求你首先要拥有一个成功的体系。特许经营要求你要形成一种可被重复多次的盈利模式。有的人刚有一个生意的想法，在他们第一次做成之前就开始考虑对其进行特许。事实是，一般的特许经营公司并不这么做，直到在这种买卖中做够8—10年才会考虑。多数公司根本就没有特许商。如果你考虑购买一个特许经营权，在投资之前要进行调查，寻找成功的记录。

商业展示会

你可以通过商业展示会卖出你的产品。每年，来自数千家公司的采购员参加商业展示会，寻找能提供给他们的消费者的新产品。他们知道，新产品的发展前沿会在商业展示会上展示，在正确的时间，一件新产品可能赚到百万美元。

我前面提到过，美国每年有上万场商业展示会。许多公司围绕着在商业展示会露面而拓展了整个生意。

陈列和展览

你可以把产品搬到交易会、博览会或者传统的展览以及基金募集市场上。高客流量可能会引来高销售。寻找你可能有机会的地方，在许多潜在购买者将要走过的地方展示你的产品。你要不断地找办法，把你的产品放到尽可能多的潜在消费者面前。

上述大部分想法需要的精力和想象力比金钱和风险更多。在很多情况下，你可以先拿到产品订单，然后再把你的订单交给生产商，以此保证你的风险是可控的，直到形成了一个稳定的销售量。

从小处开始，慢慢成长

企业成功的关键是要随时留有现金。糟糕的存货控制，即购买了太多库存而最终无法卖出，是企业陷入麻烦的主要原因之一。在你对供应商或生产商下订单之前，尽可能安排好产品的销售，得到稳固的订单。

开头不可操之过急。一步一个脚印，要有耐心。别试图震惊市场或迅速致富。相反，慢慢而安全地致富。当你行进的时候，测试每一步，无论做什么都别赔钱。

掌握销售的艺术

所有成功的商人都是优秀的推销员。他们是优秀的说服者。罗伯特·路易斯·史蒂文森（Robert Louis Stevenson）曾经说过："每个人都是靠着向别人推销而谋生的。"唯一的问题是："你在销售方面擅长吗?"

富有还是贫穷?

下面是一个重点。在美国，人们退休时很穷的主要原因是，他们不知道如何做销售，或他们害怕销售，又或他们认为自己太优秀了，不能去做销售。销售是世界上报酬最高的职业之一。美国白手起家的富豪中，有5%的人终其一生都是销售员，为其他公司工作。美国另外74%白手起家的富豪是企业家，是因为能向别人销售产品而开创了自己的企业。销售是通往财务成功的大路。

你想对这些觉得自己太优秀而不能去推销的人说什么? 鼓励他们去想想那些人，比如克莱斯勒公司的总裁李·艾柯卡，为了克莱斯勒的产品，作为演说者和推销员上电视、进电台，游历全国。像比尔·盖茨、拉里·埃里森、巴菲特和迈克尔·戴尔这些人——一些世界上最富有的人——不断站在听众面前，讲述自己产品的优点和价值，努力地做着销售。最成功的人总是在把某些东西销售给别人。

销售是一项可以学习的技能

你需要问自己的唯一问题是，你是否擅长销售。幸运的是，销售是一项可以学习的技能，就像所有的商业技能一样。即使你过去从来没有向任何人销售过任何东西，你也可以去学习成为一个足够自信的商人，开创一个成功的企业。

如果你因任何缘由不擅长销售，同时也不乐意变得擅长销售，那只有找别人为你销售，这样才可以发展一个企业。但这样做的风险在于那个善于销售的人既不会在首要位置为你工作，又不想要你企业的巨大份额去交换他们带来收益的能力。许多小商人雇了一个销售员，然后完全依赖于他。如果那个销售员离开了，把生意带走，公司可能就垮了。

控制收益

企业里有些技能你可以出租或雇用。其他技能，如果你既打算成功又需要独立，那你必须绝对地、积极地自己掌握。营销和销售是企业所有者的两个关键技能，不能由别人代表。你越快成为销售高手，你就越快取得财务自由，创造出你向往的生活。

IBM 的创始人托马斯·J.沃特森（Thomas J.Wastson）从年轻的销售员做起，为国家收银机公司（National Cash Register Company）销售收银机，开始了自己的职业生涯。因其销售技能突出，他接管了一家穿孔卡片处理公司，将其名字改为 International Business Machines（IBM）。通过专注于销售，托马斯最终把IBM打造成世界上最成功的公司之一。

西尔斯罗巴克公司（Sears，Roebuck and Company）的联合创始人理查德·西尔（Richard Sear）通过在批发商那里购买手表，然后到火车站卖出去，开始了自己的职业生涯。理查德特别喜欢购买和销售的过程，他做得非常好，最终与阿尔文·罗巴克（Alvin Roebuck）合伙，建立了世界上最成功的零售公司之一。

几乎每一家成功的企业都开始于某个成功销售产品或服务的人。个人销售是美国大部分巨额财富的起点。下决心去学习，让自己擅长销售，现在就去。

机会差距分析

想要为你自己的产品或服务扩展思路和生意，机会差距分析是一项很好的活动。以此，你可以用自己的创造力去发现不同的方法，把更多的产品或服务推向更多的消费者。

为了找到新的、更好的方式销售你的产品或服务，你可以提出10个问题：

1. 还有什么方法能卖出你的产品？记住，我们前面已经确定了十几种不同的方法。只是把现销的产品用另一种方式卖出去，就完全可以开始一个成功的企业，或让一个现有的企业起死回生。

2. 这个产品还有哪些客户？这些客户在哪里？这些客户是谁？为现有的产品找到新的客源是你的企业成功的关键。

3. 你可以怎样修正或改变你的产品或服务，让它们更能吸引客户？你能怎样改变包装、功能、性能？增大尺寸或降低复杂度？减小尺寸或简化产品？继续为你提供的产品或服务寻找突破，让它更加吸引相同或不同的客户群。

4. 在现在不购买你产品的那些人中，你认为谁可能会使用、受益，并负担得起你的产品？哪个消费群体永远都不会使用这个产品？你会怎样吸引这些人？

5. 你的客户想要什么新产品？如果你已经有了客源，你的客户还需要什么你现在没有提供给他们的产品？你还能生产什么新的产品，继续推销给你的客户？

6. 对于你的产品，还存在哪些分销方式？你怎样用其他方法把产品卖给你的客户？考虑前文列出的方式，哪些能为你服务？

7. 通过你现有的营销渠道，你还能卖出什么产品？如果你已经有了销售渠道——零售、直接销售、直邮广告、网店——你可以用相同的渠道为相同的客户提供哪些不同的产品？

8. 你能为现有的分销渠道或现有的客户研制出什么新产品？你能通过这些分销渠道对当前的客户销售些别的什么？

9. 对你的新产品和你现有的销售渠道而言，还存在哪些新市场？换句话说，哪里还有现在不使用你的产品、服务的，且以你现有的销售渠道可能得到的客户？

10. 用现在的设备、现有的员工、现有的知识、现有的技术和能力，你还能生产什么产品？你还能为你现有的市场创造出什么产品和服务？

多数公司和个人都陷于一个舒适区。他们以特定的方式开始销售，之后继续以同样的方式销售和分销他们的产品。但你应该问自己这样的问题：你的销售量足够高吗？你的企业足够盈利吗？为了得到更好的结果，你能改变哪种销售方式？在飞速变化的时代，你必须不断地提出和回答这些问题，因为你的竞争对手在这么做，每一天。

得到免费的宣传

几年来，我个人使用了许多技巧，在报纸、杂志、电台、电视台和互联网得到了价值上万美元的免费宣传。这些方法处处奏效，几乎对每一个人都如此。通常，你得到免费宣传的能力是成功地壮大企业的关键。

你一旦有了一件准备投向市场的产品或服务，就要马上开始考虑怎样能让它具有新闻价值，在你不必花钱做广告的同时，人们愿意报道和谈论它。

下面是得到免费宣传的法则。

请求

如果你想宣传，那就要请求。人们不会主动来找你，但如果你请求他们宣传，他们通常会去做。

准备一篇新闻稿

撰写一篇公开信或新闻稿，把它发给所有相关媒体。在黄页上寻找每一家报纸、杂志、电台、电视台、网站或其他出版物，用电子邮件给编辑写一封信，包括对你的新产品或服务的100字描述。像写新闻故事一样描述它，让它栩栩如生。

让它具有新闻价值

提问："它是新闻吗？"给你的新产品或服务一个有趣的卖点。几年前，一个企业家花掉他所有的钱，进口了一种经过延长保质期处理的灯泡，无须置换就能点亮几千小时。三年里，他努力去销售，可几乎破产，因为没人愿意支付他提出的高价钱。

最后，他做了一件事让这种灯泡具备了新闻价值。他宣布，他的灯泡可以持续"5万小时"，这就引起媒体的注意。不久，他就上电视节目，谈论这种非同寻常的科学发明。人们想听这个故事，他们认为很有趣。几乎一夜之间，销售量就像天文数字般地增长起来，他取得了财务上的成功。

查明你的受众

回答这个问题："谁是我的客户或客户段？"然后寻找由你特定的潜在客户搜索的网站、收听的电台、收看的电视台或阅读的报纸、杂志。

谨慎选择你的媒体

仔细考虑你应该接触的媒体。在美国，可以浏览《标准收费及数据》（*Standard Rates and Data*）一书，这是广告行业的"圣经"。它给出在你的市场地域和全国范围内广告媒体的名称、地址、电话以及所有关键信息。它告诉你这个媒体感兴趣的故事和文章的种类，以及它们所吸引的群体。

用心制作

你需要得到的免费宣传应该是优质的印刷体，清晰、简洁。清楚地写出你的描述，让工作人员能把它从你的信里摘出来，在无须改动的前提下，直接发到广告上。让它有趣、动人。

发一张照片

发一张产品的照片。如果能得到一张某人在使用你的产品或服务的照片，那会更加有趣，更可能具备新闻价值。

提供免费的东西

尽可能随时为客户提供免费的东西。邀请他们打电话给你，有免费品清单或报告。让他们到你的网站上免费下载一些能在生活或工作里帮助他们的信息。为得到免费的东西而联系你的人，往往会被发展成最佳的付款消费者。

留下信息

当你做完宣传时，留下你的宣传册、你的名片以及关于你的产品其他可以使用的信息。你可能会惊异，在你曾经出现的广告中，会有多少电话跟进来寻找你或你的公司。当你把你的信息留给接待员后，就可以传给打进电话的所有人。

多年前，我在一个颇受欢迎的早间热线节目广播中做了一个小时的访谈。我给任何打进电话的人提供了一份免费的礼物。在接下来的一小时里，电台接到了太多的电话，以致接线总机都不够了，只好停用。他们之前从没见过这么大量的热线。

几个月后，当另一个客人来到现场，电台决定用不同的介绍和广告语来重放我的访谈。他们再次收到了超过500个电话，烧坏了总机。但那时他们丢失了我们留给他们的信息，打进电话的人无法联系到我们。我们丧失了巨大的商机。

无论你走到哪里，总要在身后留下信息。特别要友好对待接待员和助理，要礼貌、亲切。把他们当作是重要人物来对待。介绍你自己，给他们必要的信息，当别人打进电话时，好让他们能联系到你。

机会随处可见

有一条古老的谚语：**"成功者创造的机会比他发现的还要多**。"事实上，对于创造性群体而言，机会是无限的。如果你下定决心要进入企业家的行列，开始你自己的企业，那你唯一的极限就是你自己为自己设置的。

每天，全国有数千人决定开始走自己的创业之路。他们愿意冒险去实现自由、成功和财务解放的梦想。他们做到的事情你也应该做。

开始吧！

你有很多开始的方式。今天，有比你能想象的更多的方法让你的企业取得成功，有比你一生能探索的更多的方式销售你的产品或服务。你只需要行动起来。对于实现目标，没有事情能取代专注、坚持和不断的行动。

当你准备采取必要的行动时，你将学到你需要的课程，你将找到人来帮助你，你将发现自己正在寻找的机会。只要你果敢地出击，你将实现自己向往的成功。

今天就行动。现在就去！拒绝疑虑、推迟或延期的行动。别等待，开始吧！

行动练习 --

1. 下决心，你要在30天之内开始做生意。确定一种你喜欢的产品或服务，你觉得能卖掉，做好准备把它推向市场。坚持下去。

2. 决定一种销售方式，看上去适合你选择的产品或服务，然后一心一意地掌握这种销售渠道。

3. 如果你已经在做生意，选择一种现在没有使用的销售和营销方式，以新方法提供你的产品或服务。尽可能学习所有的技能。

4. 研究你的分销渠道，确定你能做哪些不同的事情，以不同的方式向不同的客户提供更多或不同的产品。保持开放的思维和乐观的心态。

5. 提高你的销售技能。95%的全职销售员能学会如何比他们今天销售得更多、更好、更快。下定决心，投入必要的时间和金钱，成为擅长销售的人。

6. 在正确的人周围。与在类似行业的其他人形成一个策划群体，每周一次聚在一起分享想法和经验。单打独斗是很难的。

7. 做好在你成功道路上失败的准备。很少有人在第一次就成功。努力，再努力。从每次错误中学习，下定永不放弃的决心。

"这是一个经济事实，在一个竞争的市场中，营销的有效性是企业成功的关键。"

——索尼娅·拉帕波特（Sonia Rappaport）

8

得到你需要的钱

"你具有自己从未梦想过的力量。

你能做从未想到自己能做的事情。

除了你自己思维的限度外，

你能做的事情没有极限。"

——达尔文·P. 金斯利（Darwin P. Kingsley）

有三个主要原因解释人们为什么没有沿着他们的梦想去开创自己的企业，实现他们向往的财务自由。第一个原因是害怕失败，这是成年生活中最大的失败原因。

害怕失败置于你的神经中，使你"瘫痪"，甚至阻止你迈出第一步。为了成就你能做到的全部，包括成为一名富豪，你要学习去做的第一件事就是，面对你的恐惧。你必须学会控制你的恐惧，掌握你的恐惧，无视你的恐惧，去行动。

无知拖了你的后腿

财务失败的第二个主要原因就是无知。多数人不知道如何开创一家企业，或在股票、债券、房地产或其他金融工具中投资，基于某种原因，他们从未费心去学习。他们生活在安静的绝望中，赞美着其他奋力出击的人，但自己却从不做任何事。他们伴着静止的音乐走入坟墓。

缺　钱

人们不起步，无法在自己的企业中成功的第三个原因是，感到自己缺钱。他们认为自己没有足够的钱，觉得自己无法从其他渠道得到他们需要的资金。

多数有抱负、想要成为企业家的人都是走进他们当地的银行去借钱，资助自己的创业想法。当不断被银行拒绝后，他们得出结论，没有钱提供给自己。有了这个结论，他们就有充分的依据放弃了，回到了只挣固定工资的工作里。

那时，你拥有的最具价值的资产就是对财务成功的雄心、精力、想象和燃烧的热望。如果你具备这些特质，加上工作和牺牲的意愿，你终将会得到你需要的所有钱。

资金随处都有

你可以选择几种资金来源去开创你自己的企业。在我的企业家生涯中，多年开创企业的经历让我已经使用过每一个渠道。

研究你自己的存款

首先，通常也是最重要的，是你自己的个人存款账户。在前面的章节里，我强调了存钱对你来说有多么重要。如果你不能约束自己存钱，积累创业资金，那你或许不具备这种性格，哪怕企业开始运转，也很难走向成功。

卖掉一些资产

你可以通过销售资产来筹钱。你可以卖掉你的房子、你的汽车或者你的一些家具。你可以卖掉自己拥有的每一件东西。你可以用现金价值兑现你的寿险。有时，你可以卖掉股票、债券或有价证券，或是变现退休账户，得到开创自己的企业所需要的现金。

第一次创业的大多数人都会卖掉他们拥有的资产，为自己的企业筹集足够的资金。

利用你的信用卡

为了开创你的企业，可研究的另一项资金来源是信用卡。许多最成功的美国企业都是由这样的人开创的，他们尽可能地取出信用卡里的钱，通过努力拥有一个可靠的客户信贷等级，然后借钱，靠那些信用卡生活两三年，直到自己的企业开始盈利。

我的一个朋友为一家《财富》500强的公司工作，辞职之前，在他的信用卡上，信用等级已达到5万美元。那时他就能开始自己的生意，最终以信用卡现金取得财务自由。

这不是一个首选的战术，也不是一个最佳推荐。信用卡提现非常昂贵，年息有时高达18%。但如果能让你避免破产或让你的生意转危为安的话，它对于企业家创业来说，会是一个日渐普遍的方法。

取得个人贷款

你可以得到个人贷款。根据你的工作、你过去的信用等级，有为你而设置的贷款。有时，你可以根据你的资产，从银行得到个人信用贷款的最高限额。然后你可以用这个限额为你的企业担保，直到你实现足够的销售额和利润率。

建立一个优秀的信用等级并保持住，对你来说是基本的。如果你在考虑将来开办一家企业，那就从现在开始向你的银行借钱、还贷，好让银行熟悉你的信用值，这是一个聪明的办法。

银行喜欢放优良贷款

银行经理的目标是，放出能连本带利迅速收回的优良贷款。当你让银行人员相信你是可靠的借款人时，他们就会贷款给你，他们认为你能完全支付利息和偿还所有本金。但你必须有一个信用等级作为起点。

我的一个朋友自豪于每件商品都付现金。他没有贷款，没有信用卡，从未使用过任何种类的银行融资购买东西。当他决定开始创办自己的企业时，尽管已经积累了可观的资产，在每个方面都很有信誉度，但没有一家银行愿意借给他一分钱，因为他没有借款历史。

加大银行信贷的一个基本法则是：借大早还清。如果有必要，让一个有着高度信誉值的人与你一同签署贷款，然后在到期日之前把它还清。当这样做过几次之后，你就拥有了自己的信用等级，无须合作签署，你自己就能借钱了。当你拥有一份全职工作，开始创办自己的企业之前，应该经历这种实战，提高你的信用值。

抵押贷款

你可以通过取得所谓的抵押贷款借到钱。你可以抵上自己拥有的资产去借钱，比如汽车、家具、游艇。你甚至可以抵上你的房子去借款。许多企业都是从企业主抵押贷款、融资，或抵押他或她拥有的每一件东西开始的。

获得"爱的资金"

多数新企业融资的基本来源，大概有99%，是所谓的"爱的资金"。人们给你或借给你资金，因为他们爱你。这种钱来自你的父母、朋友、亲戚、商业伙伴等。

新企业的创建相当有风险，银行不做有风险的买卖，他们做的是规避风险的生意。基于这个原因，极少数银行会借钱给一个要创业的人，除非他们确信即使企业失败，这个人也有足够的资金和抵押来偿付贷款。

唯一会在一个新企业上冒险的人是那些爱你的人们。他们会预先给你钱，因为他们相信你，并且抱有乐观的态度。

得到商业贷款

取得商业贷款。商业贷款要求你希望借到的每一美元资金至少要有2美元的流动资产做担保。商业贷款还要求，至少要有一到两年成功企业的历史。为了给你的企业筹款，你需要更新财务报表，加上对你拥有的，甚至你将要拥有的所有资产的个人担保。

许多人会告诉你，当你为自己的企业得到一笔贷款时，别做出个人担保。这是愚蠢的。在银行对你的企业提供贷款之前，它们将要求个人担保，不仅来自你，也来自你的配偶，通常还有你的父母。银行不会做冒险的生意。

1. 银行寻求的五个要素

在向你或任何商人提供贷款之前，银行寻求五个要素，在借贷款中它们被称作五"c"。当你为一笔贷款走进银行时，必须准备好能去证明这全部五项。

1. 抵押品（collateral）。首先，银行寻找抵押品。你打算把什么资产抵押到贷款上？抵押品是以防你的企业不成功，能迅速公平地变现去偿付给银行。

2. 品质（character）。银行寻找品质。在贷款方面，你以前的记

217

录是什么？就诚实和可靠度而言，你具有哪类品质？谁认识你？谁将为你担保？

3. 信用等级（credit rating）。银行会审查你现在的信用等级。你过去已经借过并还清了多少钱？你今天的信用等级有多好？

几年前，作为一家小企业的所有人，我买了一套新房子，付了20％的定金，剩下的钱我申请了抵押贷款。这通常是一个标准贷款，很容易被批准。但几年之前，当我离开所住城市几星期时，一张信用卡账单到了邮箱里，直到截止日期30天后我才还上。这个污点出现在我的信用等级上，导致几年之后我的抵押贷款申请被拒绝。

我的观点是，无论你走到哪里，信用等级都是跟着你的十分宝贵的东西。我知道许多人的整个成年生活都被毁了，因为他们对自己的信誉太随便或太冷漠。当借款到期时，他们没有还清信用卡欠款。在很多案例中，他们已经被报告到国家信用中心了。这种负面的信用等级会拖上他们10年之久，无论他们去何处，在这个国家的任何地方。别让这种事发生在你头上。

4. 资金（capital）。银行想知道你拥有的资金量。你愿意把自己拥有的多少钱投资进来？这是你对企业成功负责程度的衡量标准。

5. 信心（confidence）。银行用来决定是否借给你钱的最后一个因素是，他们对你的信心水平。总之，个别银行家必须确认你是对成功志在必得的创业者，他或她才会借给你创业资金。

2. 通过时间来培养与银行的关系

从银行借钱是渐进的金融交易过程，随着时间而发展。当你第一次试图借钱的时候，多数银行对它们将借给你的每一美元，要求价值5美元的抵押品、个人投资或其他资产。它们还要求个人保证，如果你宣布破产，还可以此主张权利。但当一家银行与你打了几年的交道后，了解了你，信任了你，它的借款要求就会循序渐进地降低。

成功地从银行借款和偿还后，银行对现金、抵押品、资产和个人保证的要求会逐渐减少。银行专员将满意于你抵押的企业的现金流和资产，支持你从他们那里得到贷款。在一个确定点上，他们甚至会主动走到你面前，向你提供更多的贷款去扩大你的企业或让你做其他投资。

租赁或出租

你可以为企业融资的另一个途径是租赁。不必对汽车、家具、建筑物或办公室设备支付现金，你可以通过租赁的方式按月付款。这是一种谨慎的起步方法，特别是在企业发展的初期阶段，你的销售和现金流通常无法预测。

在硅谷的互联网公司繁荣期，以及整个20世纪90年代后期，很多没经验的商人都能用粗略的企业计划筹到大量风险基金。他们接着犯了错误，把大笔的现金投入漂亮的办公楼、昂贵的家具、进口的轿车、飞机和超级碗广告里。他们不可避免地耗尽了现金，不能借到更多钱了。因此，他们的企业很快垮台，投资者赔了个精光。无论何时，尽量租赁或租借，而不是购买。

在你的成功路上自力更生

融资和建立你的企业最流行和最有效的战术之一是所谓的"自力更生"。自力更生要求你从小生意开始，创造出销售和利润，把利润再投资到你的企业中，然后实现更多的销售量，再重复这个过程。

大多数百万富翁都开始于很少的钱，或身无分文，通过自力更生，一步一个脚印，建起他们的财富。即使你凭自力更生慢慢地开始，在许多案例中，这种过程也比拥有大笔资金起步更具优势。

当你被迫自力更生、慢慢建立自己的企业时，要用努力工作和创造性替代金钱和投资。你要以你拥有的去工作，在你现在这个位置。因为你的钱太少，你犯不起错误。这会使你比那些在银行有太多资金可求助的人更加敏锐、更加迅速。记住在那些"富二代"身上发生的事情，他们中的很多人今天都与父母住在一起。

许多开始于太多钱的企业都很快陷入了麻烦，因为它们没有学会如何控制金钱。当你自力更生时，你对进出企业的每一分钱都保持谨慎。你比其他人更快地变得更聪明。当你基于自己的销售和现金流建构起自己的生意时，更可能打造一个持续多年的企业。

利用客户融资

你可以通过使用所谓的"客户融资"为你的企业筹集资金。凭这种方法，你的客户给你生产商品和服务所需的钱，然后你以他们已经提前支付给你的钱卖给他们。

罗斯·佩罗以1000美元开始EDP产业，这是从他母亲那里借来的钱（"爱的资金"）。十几个销售电话后，他终于找到一个客户愿意为他的想法埋单。罗斯与他的第一个客户谈妥，提前支付费用的50%，好让他有资金首次购买计算机设备并提供服务。剩下的事情大家都看到了。

1. 要求一笔押金

很多企业在做销售时，对每一张订单都要求50%的押金。他们用这笔钱购买原料，雇用劳动力去生产他们销售的产品。他们的利润包含在成功交付产品或服务的另外50%中。

2. 先得到付款

许多公司都从利用客户融资开始。他们做好销售，当订单下达时，他们请求客户为订单支付全部或部分价款。如果做不到，他们就让客户同意在交付订单时付款，而不是要等上30天、60天或90天。然后他们拿到钱再去支付给他们的供应商。

这被称为"补空"，在小企业中非常普遍。你为供应商安排30天或60天的付款期限。你卖出产品，得到付款，在账单到期前周转开，并支付给供应商。在这种方式中，你没有用自己的资金打配合。通过销售产品、收到付款，然后支付给供应商，你实际上很少或没有现金投资和风险。

3. 采用订购方式

客户融资的另一种方式是任何形式的订购。客户在货物交付之前就提前为产品或服务付了款。使用订购方式，客户可能在收到第一批产品前就支付了全年的货款。

4. 直邮广告销售

直邮广告销售是另一种形式的客户融资。你最开始在广告上投资在交付产品之前，就拿下订单。在你要交付产品或服务之前，其实已收到了现金或信用卡支付。实际上你的客户跟你一起为这笔生意付了款。

5. 授权

你可以通过授权给生产商，收取一笔特许使用费或业务报酬，以此利用客户进行融资。

6. 多级营销

多级营销是客户融资的另一种方式。在多级营销中，起步所需要的一切就是一个样品包。在示范这些样品后，你可以拿到订单，得到付款。然后可以从生产商那里买到产品，交付订单，保持利润。

7. 分解应收账款

许多公司利用银行去分解从它们客户那里得到的购买订单。特别是，如果你从一家有着好声誉的大公司收到一份订单，只要交付了你销售的产品或服务，订单就是一个担保。基于你的客户的信用值，银行会借给你订单票面价值的70%或80%，在他们给你钱的时间和你从你客户那里收回钱并偿还银行的时间之间保持平衡。

8. 特许

特许经营也是一种形式的客户融资。特许商通过向另一个市场地区销售权利，使用自己的企业体系和名称，扩大自己的生意。被特许人支付加盟费，以提供支持新加盟业务所需的资金。基于这种客户融资概念，麦当劳现在在全世界有数万家加盟店。

寻找风险投资

一些公司通过寻找风险投资进行融资。这是由有经验的人管理的非常复杂的资金，集中作为高风险资金投入有快速增长潜力的公司里。这种资金很有名，但很难得到。

许多年轻的企业家都试图筹集风险投资去开创自己的企业，大多数人会诧异地发现得到这笔钱的艰难。不到1%的企业计划得到了风险投资家的资助，因为新企业的风险太大了。在提交给风险投资者的所有企业计划和提案中，99%最终都被丢到垃圾桶里。风险投资商不对他们的客户做赔钱的买卖。

风险投资的三个条件

今天，风险投资者只会将资金投到具备三个条件的企业中。第一，它要有可被证明的成功记录。企业已经成功地经营至少两年。企业所有人眼下接近风险投资者的目的是为了扩大企业，利用更大的市场机会。

第二，企业家或企业所有人必须提交一份完整的企业计划。一份完整的企业计划可以在任何地方，用2—6个月去制作，可能需要100—300个小时。由外请的顾问把它做完可能要花2.5万—5万美元。风险投资者甚至不会与一位没有完整、详尽企业计划的人交谈。企业家需要通透理解该计划，能够一页一页、一个数字一个数字地加以解释。

第三个条件，通常也是风险投资者在给你的公司投资之前，寻找的最重要的因素：一个在适当职位上有能力的管理团队。今天，当决定借出钱时，比起其他任何因素来说，风险投资者更看重公司管理者的经验。

无论因为任何理由，你没有一个建立和经营盈利企业的成功记录，没有一份完整的企业计划，不能明确说明你为什么需要这笔钱、你打算拿它做什么，没有在适当职位上有能力的管理团队，那就最好去寻找别的资金渠道，而不是风险投资。

咨询小企业管理委员会

你可以经常接近小企业管理委员会（Small Business Administration，SBA）。SBA将浏览企业计划，它被称为"借款人最后的胜地"。这意味着，只有当你已经被至少两家银行或金融机构拒绝后，它才会考虑你的企业计划和你的贷款申请。

好消息是，因为SBA是一个政府组织，即使它不批准你的贷款，工作人员也会帮你把企业经营得更成功。他们将向你提供低价的咨询服务，有时还是免费的。SBA还有出版物等资料，可以在营销、融资、销售和企业的其他方面帮助你。许多中、小型企业都被SBA挽救，或扭转过来。

寻求来自小企业投资公司的资金

你有时可以通过小企业投资公司（Small Business Investment Companies，SBICs）筹到资金。风险群体把钱聚在一起，投资到小型的很有前途的公司里。他们与风险投资者有相似的地方，在投给你资金之前要求你的某些记录。

风险投资商和小企业投资公司都需要你公司的资产净值。通常，他们要求控制资产，在他们投资之前，需要你企业51%或更多的股票。如果你没有完成和创造出你保证过的利润，他们就会接管你的公司，用自己的管理取代你，收回他们的投资。

发行公开股

可以用公开股为你的企业筹集资金。在互联网公司创业的鼎盛时期，许多公司都跑到股市上，甚至在它们创造或销售一件产品或服务之前，出售股票，筹到大量资金。这被称为"预先收入"公司。这种投资——在拥有一个正常运作的企业之前就上市——以前从未出现过，也许再也不会出现了。

在正常情况下，发行公开股需要一个有资信的利润率记录，通常是几年的。它要求2—3年经审计的财务报告。发行公开股是通过股票经纪公司完成的，经纪公司将处理多数细节，向大众和它们的客户提供股票。

1. 价格—收益比率

在美国，上市是致富最快的方式之一。通过建起一个有增长收益记录的企业，你就可以根据这些收益的一个倍数公开出售股票。例如，在过去50年里，标准普尔500的公司平均价格—收益比率是15：1，上下略有波动。这表明，如果你的公司每年挣100万美元的利润，股市就会给其估价1500万美元，你可以根据这个价值定出你的股价。

如果股市上的购买人相信你的公司利润会在接下来的时间里继续增长，他们往往就会对股票支付高出预期收益20倍、30倍的价格。在互联网公司创业鼎盛时期，尚没有收益的公司股价会售到预计收益的300倍之多。聪明的投资者根据超乎寻常的乐观预期，愿意支付非常夸张的数额。但那种日子一去不复返了。

2. 公开披露是必须的

你经常可以向单个投资者提供私募股票，他们会投资你的公司，而你不必到公开市场去。在这种情况下，投资者将要求你公司的"尽职调查"报告。这说明，他们将请专家仔细评估你财务报告和计划中的每一个文字和数字，包括你的历史的每一个细节，以此保证你所说的每一条都是完全真实和可被证明的。

公开股票的神奇之处是，它为你在公司的股份提供了一个市场。当你的公司开始增长、公开上市时，你就可以在市场中出售30%或40%的股票。公开市场就对你剩余的股份定出一个价格。凭这个公开市场的定价，你可以抵押自己的股票去借款，用它做资产融资，甚至用你的股票去购买别的公司。

得到供应商的融资

你可以用所谓的"供应商融资"为企业筹集资金。如果你提出请求，许多提供给你向消费者出售产品和服务的供应公司，都会向你提供延期的账单。如果你在供应商那里有着良好的记录和信用等级，他们时常愿意为账款等待60天或90天。这就给了你机会，从供应商那里购买产品和服务甚至原料，去生产你已经向客户销售的产品和服务，然后从他们那里得到付款，所有这些都在你对供应商付款到期日之前完成。

凭借良好的信用，一个人可以在对他们已经售出的产品或服务付款之前，开始创办一家企业，实现销售，挣到利润。能做到这点绝对取决于你的品质、你的声誉、你的信用等级和供应商对你以及你的支付能力的信任。

更佳的借款来源

下面是一个重要启示：更小或更新的公司比更大的公司更可能提供给你信用期限。更小或更新的公司往往更容易打交道，它们对生意垂涎三尺。

对你来说，从你的供应商那里得到慷慨期限的关键是，私下去拜访他们。带上你的财务报告，说明你的企业计划，解释你正在做的事情，供应商往往会评估你的信誉，帮你建立起企业。

贷款的决定因素

还有另外两个因素影响着你是否能够或应该为自己的企业融资。第一个是，你打算进入的企业或行业类型。如果你准备进入一个大部分是现金的企业，对你而言，筹集长期资金就很困难。资金供给者希望当你销售时，立即收回账款，偿还给他们。

第二个影响你是否能够或应该得到融资的因素是，你经营的地理区域。一些乡村、城市、州或国家比其他地方更容易为了扩大生意而借到钱。

在一些快速增长的地区，银行和其他金融机构会敞开大门借给你钱。

在其他地方，它们会非常谨慎，无论你的企业计划有多好，经常一分都不借给你。

选择理想行业

你应该考虑进入哪类行业。回答这个问题最好的方法是，提前做好你的功课。根据《公司》（*Inc.*）杂志，在美国，按部门划分，增长最快的企业是所有类型的服务企业（47%）。增长最快的企业里有23%是制造企业，15%是销售企业，8%是零售企业，7%是建筑企业。

根据行业划分，增长最快的企业29%是有关计算机或高科技的企业，17%是服务器企业，14%是消费商品企业，8%是建筑企业，7%是工业设备企业，4%是出版和传媒企业，3%是电信企业，还有3%是医学和药物商品企业。这些数字每年都在变化。

在一个增长地区选择一个增长行业

了解这些百分比对你来说很重要，因为在决定是否借款给一个特定的企业时，银行和借款专员会仔细地研究它们。

了解这些统计数据对你决定自己要进入哪类企业也很重要。请注意这些百分比在不断地变化，因此，核对你当地的统计数据，让你的信息与时俱进。

最佳和增长最快的企业的百分比在州与州、城市与城市、乡村的一部分与另一部分都有不同。事实是，在一个快速增长的行业，在一个快速增长的乡村里，比起在不是流失人口就是失去市场份额的农村或行业里工作一辈子，可以在更短的时间里取得更大的进步。

最佳地点

增长如何、是否繁荣的关键变量是，一个特定地区每年的新建企业数量。新建成企业的比率是这个地区增长速度的最佳指标。

经济学家认为，因减员、辞职、裁员、破产、并购以及其他原因，每年，任何特定地区的工作流失率是8%—10%。对一个经济增长地区来说，不仅要吸收那流失的8%—10%的工作，而且还要创造新的工作给加入工作大军的新人。

《财富》杂志认为，对经济增长的最佳赌注是，有着高度集中的大学毕业生，加上有着一系列吸引创造性人才的生活方式的大都市。在这个基础上，美国一些增长最快的地区造就出大都市波士顿、帕洛阿尔托、洛杉矶、圣迭戈、奥斯汀、洛利杜尔文、亚特兰大、迈阿密和西雅图。这些地区有大量受过良好教育的人，还有吸引人们想生活在那里、养活家庭的生活方式。

你可以从今天开始

你可以通过从你的信用卡、寿险和个人财产中筹资开始。你可以从你的朋友和家人那里借钱。你甚至可以从你现在的雇主或你未来的客户那里借钱。你可以通过努力工作和牺牲现在的满足来存钱，为开创企业储蓄资金。你可以拿出额外的时间去研究和学习更多的有关你的企业的知识。成千上万最成功的企业都是创业者从零星的资金，经常是在一个车库里，主要用时间和精力的投资开始的。

别人过去做过的，你也能做。从今天开始，你要回答的问题是："你到底有多想要它?"还有:"你愿意为此付出代价吗?"如果你想创建自己成功的企业已经很久,足够坚决,你愿意在成功之前付出代价,只要你不找借口,那就没有什么可以阻止你了。

行动练习 ------------------------------------

1. 确定你开始自己的企业、启动新产品、扩大经营,具体需要多少钱。你必须清楚,并且精确。

2. 确定一种或多种为企业融资的方法。学会"请求"。你没钱可赔。

3. 从今天开始,获得你的信用等级,厘清你的财务事项。这会对你的创业生涯有益。

4. 通过借款和尽早还钱,开始建起一个可靠的信用等级。去认识和拜访你的银行经理。用人品和能力去建立你的声誉。

5. 通过从你现在的位置开始,基于你的销售和利润去拓展生意,在你财务成功的道路上自力更生。

6. 不断为创造收益思考——搞定销售,交付你卖出的货物,迅速回款。

7. 对每项成本和交易都保留准确的财务记录。雇一名全职或兼职的会计或簿记员。熟练掌握数据,永远别让它们有空子可钻。

"通向每件事情都有方法，如果我们有足够的意愿，我们将一直拥有足够的财富。"

——弗朗索瓦·德拉·罗什福科（Francois de la Rochefoucauld）

Getting Rich
Your Own Way

9

思考并增加财富

"因为企业的目的是创造客户，

它有两个——并且只有这两个——基本职能：营销和创新。

营销和创新产生业绩；余下的一切就是'成本'。"

——彼得·德鲁克

或许你听说过多次，致富的方法是"努力工作，攒下钱"。这句话半对半错。有许多工作努力又勤俭持家的人，可到头来不过是凑合过日子而已。

然而这个法则也有一些真理。努力工作格外重要，因为它是攒钱和拥有资金所必需的。但是，你无法只通过工作更久、更努力而致富。你还必须更聪明地工作。你必须学会把自己的创造力投入到贮藏在你的潜意识和超意识的思维中那90%的智能中。

在你自己的创造力与你的财富之间，有一个正比关系。你所需要的一切就是，一个在致富之路上起步的好想法。

在本章你将学习为什么创造力对成功是如此重要，你需要搬走一些阻挡创造力发挥的障碍。你将学会提出几个关键问题去测试你的新想法的价值，以及学会如何拥有天才的品质。

你是一个有潜质的天才

我相信，每个人都有天才的种子孕育在他或她的体内。你有创造性的想象力，你能把自己真的想要的一切吸引到你的生活中。你的工作是，如何走进这个智力宝库。

你的目标是，在成为一个白手起家的富豪的道路上，学习如何利用你的创造性思维去实现任何目标，克服任何障碍，解决任何问题。如果你死心塌地想实现财务成功，并且愿意足够努力地工作，没有什么能阻止你。你的思维将为你指引道路。

创造力为什么如此重要

为什么创造力对打造你的未来是如此重要？主要有三个原因。第一，解决问题和做出决策是企业的关键功能。你在企业和生活里50%—60%的时间花在了解决某类问题上。你越擅长想出创造性方法解决日常生活和工作中必然和不可避免的问题，做出有效的决策，你就越可能成功。

第二，我们每个人都想挣更多的钱。我们都想更加成功，获得更高的地位、尊重和赞誉。你解决问题的能力是你能挣多少钱以及你能有多成功的关键决定因素。

第三，只有通过创造更多，你才能挣到更多。只有当更快、更好或更低廉地做事，变得更有生产力，你才能富有。只有完成更高价值的任务，你才能达到顶端，这需要你更多地利用自己的智力和创造力。

挖掘你更多的智慧

多数人几乎不使用自己的创造力。普通人有着巨大的智力储备，他们只是习惯性地不去使用。

人们平均只用了他们脑力的不到10%，因而他们还有巨大的智力潜能。根据斯坦福大脑研究所（Stanford Brain Institute）的研究，实际数值更接近2%。这么小的量通常花在平日的活动中、以老套的方式做着同样的事，一般执行的要远远低于一个人的潜能。

因此，普通人有90%或更多的潜力未被使用。当你学会如何挖掘这巨大的创造力时，你将能够去做任何你真正想在生活中做的事情。你将开始在天才的水平上行动。

增加你的成果

通过磨炼你的思考技能以及锻炼你的自然创造性，你可以把努力的价值多样化，增加你的收获量。你能在做任何事情时让自己更有价值，你能在更短的时间内实现更多的目标。

幸运的是，创造力是一项可以学习的技能，它能戏剧性地加速你个人和职业的发展及成长。就像进行一项运动、演奏一门乐器，你的创造力是可以通过实践提高的。随着你将在接下来的几页里学到的，通过以特定的方式做特定的事情，实际上你可以让自己更聪明，智力上更灵活。

在乎中，形于外

你现在或将来的一切都是你的思考方式的直接结果。你的外部世界是你内心世界的反映（对应法则）。**如果提高了自己的思考质量，你必定会非常迅速地提高你的生活质量。**再没有其他确定的方式能实现你的目标了。不要怀疑自己的聪明才智。

激发你的思维

从身体上讲，有些食品比别的食品对你更有益，它给你更大的健康、活力和能量。同样的，也有些"智力食品"激发你的思维，让你做出更好的决策，取得更好的结果，更快、更容易地实现你的财富目标。就像身体锻炼一样，这种智力锻炼你练习得越多，就会变得越敏锐、越机警。你将释放自己更大的自然创造力，激发更多的直觉和想法，去现实你的财务目标。

积极地思考

首先，激发创造力的是一个积极的精神态度。它决定了你能在每种情况面前看见光明的一面。这就是为什么一个积极的精神态度被定义为"对压力的建设性反应"。

最具创造力的人往往是乐观主义者。他们把多数时间花在思考和谈论自己想要什么，他们能采取什么行动实现自己的目标上。他们在每种条件下寻找好的方面。他们在每次挫折或困难后寻找有价值的教训。他们信心百倍地从每次麻烦或失望中期待得到一些东西。

积极地思考回报是非同寻常的。当形成了积极思考的习惯，你就会体验到更高水平的自信。你对自己和自己的未来越积极，你就越愿意去尝试新的、不同的事情，即使听上去或看上去很愚蠢。

下决心在你自己的生活里成为一个积极的思考者，进行"我能"而不是"我不能"的思考。不断思考能实现你的目标的所有不同方式，而不是考虑现在可能阻挡你前进的障碍和问题。

设定清晰的目标

在纸上思考。坐下来，写出你要实现的清晰的目标。没有什么比在你向往的事情上做出一个清晰的决定，制订一份实现它的计划更能迅速、可预知地激发你的创造力了。

记住，你终会成为自己多数时间思考的那个样子。不断考虑你的目标，每天始终细细琢磨。把它作为晚上睡觉之前最后一件事去想，作为早上起来的第一件事去思考。

正是思考目标的行动以及你怎样能实现它们，让你成为一个更积极、更有创造力的人。你越经常思考目标，你就会越经常激发你的潜意识带给你想法和洞察力，以及完成它们所需要的能力。思考你的目标激活了吸引力法则，开始以你无法想象的方式把能帮你实现目标的人和条件吸引到你的生活中。通过思考目标，你就能把自己的思维变成一种能量战场，在那个宇宙中把你的目标引向你。

激发你的好奇心

对你的生活和工作形成一种提问和好奇的态度。智慧的一个特征就是好奇心，好奇心经常会带来解决问题和实现目标的创造性方法。无论你在做什么，对于正在做什么以及为什么做，都不要害怕提问。问问为什么或为什么不、事情是怎样运转的，不仅增长你的知识，而且能给你带来直觉和想法，你可以利用它们去改善局面。无论你何时看见一个未被满足的客户需要或一个未被解决的问题，提出尽可能多的问题，找出这种情况发生的原因。

对你周围发生的事情提问能提高你的洞察力，这会为新产品或服务以及新企业带来想法，甚至可能是你财富的开始。

激发你的思维

喂自己一种激发思维的"食物"。不断地用书籍、课程、节目、杂志、研讨会和其他形式的信息轰炸自己。你越经常以新的不同想法、人物、观点刺激自己的思维，你就越有可能想出解决问题和克服困难的办法。

你让自己接触的新想法的数量，与你在恰当的时机提出正确想法的可能性似乎有着直接关系。

大部分新想法并不起作用，至少它们的原始形式不起作用。但有时，当两个或更多的想法结合在一起时，就会产生可能改变你财务生活的突破。每时每刻都要敞开你的思维。

实践创造性的设想

激发你的思维、释放出你内在天赋的一个神奇的办法是，不断想象和看见你的目标，就好像它们已经实现。你能在脑海中把自己向往的目标创作得越清晰，你就越能想出把目标变为现实的办法。

如果你需要做一次销售演讲，谈一笔贷款，或请求别人的合作或帮助，练习"精神彩排"。就像你正在为一个舞台剧做演练，在心中彩排即将到来的事件。从开始到结束，经历整个会谈或演讲，想象这个场景的每一个细节。设想并看见自己平静、自信、松弛的样子。看见其他人以积极、开放和有益的方式反馈给你。一遍又一遍地重放这个场景，直到你对自己在最佳状态完成任务的能力感到自信。这是一种激发创造力的有效方式。

学会对自己笑

让自己保持积极性和创造性的最佳方式之一，是对自己和自己的生活养成幽默感。幽默感越强，就会有越多的想法。把它养成一种习惯，别把自己搞得太严肃。

你会不会笑、你的幽默感有多强，以及你的创造性有多大都是直接相关的。你每次笑的时候都释放出大脑中的内啡肽和多巴胺，它们激发你的创造力，并给你更强的幸福感。笑得多的人比不太笑的人可能有更多的创造力。

当我们让商业群体开展集体讨论时，我们鼓励他们尽可能提出最好笑的想法。每个人都可以笑或者评论，但不许批评或嘲笑。往往，对复杂问题的最佳解决方案浮现于一群人把滑稽的想法扔到桌面上的时候。

进行身体锻炼

激发创造力的一个好方法是充足的身体锻炼。当你进行有氧活动时，比如跑步、骑车、游泳或其他任何增加你的心跳、让你出汗的活动，你都加速了让高度氧化的血液流入大脑。在20—25分钟充满活力的运动后，你开始体验"运动效应"。大脑释放出内啡肽，给你一个更强烈的自我意识的感觉，提高了你的智力，让你感觉更快乐、更放松。

研究发现，早上进行有氧锻炼的人在全天都比其他人更有创造力。他们更阳光、更敏锐、更机警。他们更快地抓住新信息并有更好的记忆力。他们甚至在智商标准测试中得分更高。

因每天的锻炼而越强壮、越健康，就会在解决问题、做出决策和提出实现目标的创造性解决方案等方面越敏锐。精力旺盛的健康身体能让你在生意和生活中保持胜者的优势。

练习高度地集中

提高你的创造力的一个好方法是，进行有目的的高度集中练习。你的思维就像一块肌肉。当你在大量消耗体力时，就会把大量的血液压到肌肉里，这就使它们生长并变得更强壮。当你消耗智力时，就把大量血液赶入大脑，刺激额外的神经元、神经中枢的增长及活动。

集中精力、激活更多的智力能量的关键是，每次都在一件事情上高度集中。你可以集中在信息采集上，例如，在一个特别问题或项目上集合每一个可利用的数据。这经常会产生直觉、想法和解决方案。你可以集中精力清晰地叙述问题，从几个不同的方面定义它。这个训练能带出新的方法和解决它的不同方式。你可以为单独一个问题集中精力创造出多种解决方案，而不是停留在想出的第一个办法上。

你越集中精力，你就会变得越聪明；你越集中精力，你的智慧就会被你利用得越多；你越集中精力，你就会找到越多更好的创造性方案。

期待最佳结果

激发你的创造力的另一个方式是，形成一种积极的期望或自信展望的心态。你越自信地期待成功，你就会越乐观、越愉快。当你自信地期望自己面对的任何问题都有一个理想的解决方法或答案时，你几乎总能找到它。

最具创造力的人对待任何问题养成的习惯是，总相信有一个符合逻辑的、有效的解决方案在等待被发现。无论经历多少困难，他们都自信向前，就好像一个成功的结果已被预定。他们保持冷静、积极和愉快。令人称奇的是，这种态度几乎总能让他们找到一种解决方案，在每个问题上发现好的一面，或从每次困难中得到有价值的教训。

对你的生活负责

激发创造力的关键之一是，对你自己和无论什么问题，100%地承担责任。无论你什么时候有任何困难，告诉自己："我是有责任的。"当你担起责任，就立刻控制了你的思维和整个局面。凭着这种控制感，你的自信和自尊就会提升。你将感到更强大、更自信。你将感到更有能力做出正确的决策，采取正确的行动。最重要的是，你将激活自己更高的智力能量，挖掘更多的创造性思维。

几乎所有消极情感的根源都是，人们倾向于把他们过去和现在的问题归责于别人。遗憾的是，当你责备其他人时，你就很不明智地把自己放在了受害者的位置上。针对一个问题或困难责备其他人的行为，不会让你感到强大，而会让你感到气愤和无力。大脑最棒的那个部分关闭了，你所有的情感都趋向于把你的消极感觉合理化、正当化。

但当你为了实现一个目标或解决一个问题而完全承担起责任时，你会立刻感到更强大、更自信。你会从气愤和消极转向乐观和积极。你为自己的现状承担责任的那一刻，你的创造性思维就会起作用，产生你能用于解决问题或改善局面的直觉和想法。

保持燃烧的欲望

激发你的创造力的最后一个关键是，欲望。你必须对实现一个特别的目标保持燃烧的欲望，对实现你的全部潜能有一个高度的愿望。你必须真的想成为你能成为的全部。

野心是驱动力，引发你不断向自己能成为的一切迈进。凭借充分的野心和燃烧的欲望，你就可以摆脱你的舒适区，承担风险，向前进。

天才的品质

人们向来喜欢研究天才。研究者在考证所有年代的伟大思考者的生活和活动后得出结论，天才们似乎有三个共同的品质。每一个品质都是一种思考或对待世界的习惯性方式，你可以通过实践学习到。

许多人都相信，天才一定智商很高，通常能在学校得到好分数。然而，有无数的故事都证明，那些在学校表现一般，或未能在传统的智商测试中取得高分数的人却在后来的生活中达到天才的水平。天才并不意味着高分或高智商，它实际反映在你的行为方式上，它与你的智商或你的学业成绩无关。

据统计，历史上许多伟大的创造性天才只有普通，或略高于平均的智商，但他们以杰出的方式利用了自己的智商。

前面提到过，所有的天才似乎都有三个共同的行为方式。每种方式都能提高你的智力和创造力，让你更有效地得到你想要的结果。

学会专心致志

首先，天才们具备一次只在一件事上专心致志地集中精力的能力。这种能力可以让你在任何领域收获成功。每一个伟大的成就都是通过在取得成功之前长时间地保持集中，有时几年甚至几十年才实现的。

我曾说一个人掌握一门手艺或职业需要5—7年时间。比如，要花5—7年时间才能成为一个优秀的神经外科医生或一名顶尖销售员。你要奉献多年专心致志的努力去成为你那个领域里的能手，实现你所能达到的优秀。

天才具备在一件最重要的事情上集中精力的能力，在实现他们的目标前，不会转移或分散注意力。无法集中精力，或企图一次做太多事情而一事无成的"聪明人"，将最终惨败。

采用一个系统的方法

由研究者判别出的天才的第二个共同特征是，他们似乎都用系统的方法去解决问题、调查问题、做出决策。特别是，天才擅长在纸上思考。无论多聪明，他们都会写下每一件事。详细写下每件事的习惯，使他们能以更复杂的形式和更详尽的内容去思考，在更短的时间内想出更好、更有效的点子。

所有成功的人都在纸上思考。他们在不断写下，再写，计划，再计划。在纸上思考的行为让你成为一个更敏锐、更有创造力的思考者。在纸上思考的习惯让你无论做什么都能更有效率。当你收集信息，写下你的想法，你的思维就会以更准确、更清楚的方式运转。

解决问题和做出决策的一个有效的方式由下列七步构成：

第一步，清楚地写下这个问题的定义。确切地写出你努力要实现、避免或保持什么？什么事情在阻挡你？还可能有什么问题？准确的诊断是治愈的一半。

第二步，列出一个清单，写下引起这个问题或困难的所有可能性。它是怎么发生的？它何时发生的？它在何处发生？涉及谁？在你开始寻找解决方案前，彻底地调查清楚。

第三步，确定对这个问题的所有可能的解决方案。你能去解决这个问题的所有不同方法是什么？还有其他解决方案吗？如果你根本什么都不做呢？

第四步，选择目前解决这个问题的最佳方案。别力求完美。有时，当下拿出解决一半问题的方案，要比后来的更复杂的方案更好。

第五步，对这个问题指定一个具体的人去承担责任。谁去完成这个方案？

第六步，确定你怎样去衡量这个方案的成功与否。你将如何知道这个方案是有效的？你将采用什么衡量方式或标准？

第七步，为完成这个方案和实现这个目标定下一个具体的截止日。如果有必要，定一个副截止日。在截止日时，评估进展，做出是否有必要继续向前的决策。

解决问题的任何系统方法都比根本没办法要好。在每一个专业领域，都有已经成熟的去解决问题和实现目标的系统方法。你熟悉越多的解决问题的办法，就会越快、越轻松地想出好方案，带来你所向往的结果。

保持开放的思维

所有年代的天才具备的第三个共同特征是，对任何问题都保持开放思维的能力。开放思维要求你愿意用不同的方式看待任何主题或问题。

1. 机械性地思考

根据大家的思考方式，研究人员把人们分为两类。第一类是机械的思考者，他们在思考时比较呆板，没有灵活度。他们一旦定下一个特别的行动过程或陷于一个特别的想法，你就无法让他们改变，或让他们考虑另一种办法。

机械思考者易于恐惧、多疑和不安。他们害怕，任何对他们的思考和行动的质疑对他们都是威胁。他们只有低度的自尊和低水平的自信。他们坚持自己熟悉的方式，对考虑尝试新的或不同的事情焦虑不安。

2. 适应性地思考

第二类是适应性的思考者。当这些人面对一个新问题或一个新困难时，都保持开放的心态、灵活度和好奇心。适应性的思考者尽可能地避免跳入一个结论或封闭的命题中。

适应性的思考者相信，每一个问题对新信息都是开放的。他们总愿意去考虑不同的可能性。

从现在起，你应该锻炼成为一个适应性的思考者。让你的思维保持开放，灵活对待你面对的任何问题或困难。总以假设有更好的方法去做，或更好的方案去解决这个问题为开始。

爱因斯坦曾经说过："每个孩子生来都是天才。"95％的孩子在5岁时被验证有着极高的创造力。你生来具有非传统的思考能力和抽象思维。你具备天才的创造力，去以新的、创新的和有想象力的方式看待世界。当你得到你的内在天赋时，你会挖掘出思想的源泉，可以帮你解决你所面对的每一个问题，实现你为自己定下的任何目标。

踏上你自己的致富之路

下面是你实现财务自由的不同方式。

做一个想法日志

买一个螺线型笔记本。如果可能的话，随身带着它，写下你一整天想出的每一个念头。定期回顾这个想法日志。有时，当你在开车途中、坐着、阅读、看电视或在一次交谈中，会有一个想法，这可能是即将带给你财富的直觉。你要做的是：抓住这个想法，写下来。如果没有很快地把它写下来，你往往会忘掉它。就像中国谚语所说："好记性不如烂笔头。"

放松和反思

定期拿出时间去放松，反思你的目标以及阻挡你实现目标的障碍。在这段放松的时间里，想法经常会在你的思维中涌现，这能节省你几小时、几天甚至是几年的辛苦工作。

在所有方式中，创造性思考锻炼最好的方式之一是，日常性地锻炼"孤独"。这通常被称为"走入沉默"。你安静地坐上30—60分钟，没有任何人和事让你分心，任你的思维自由驰骋。你在孤独中，故意让自己的思维去飘摇，别逼自己聚精会神或考虑任何特定的目标或问题，只是放松。当你静静地坐在那里，时常会有神奇的直觉或念头出现在你的脑海中。

神奇的魔杖术

日常性地锻炼幻想。有时，这被称为"神奇的魔杖术"。想象你有一根神奇的魔杖，你可以冲着自己现在的状况或问题挥舞它。想象因为挥舞了这根魔杖，你与目标之间的所有障碍都被移走了。

如果你已经实现了目标，你的情况会是什么样子？如果你已经在那里，拿回它会是什么样子？把自己看成已经富有，过着你向往的那种生活。想象你的生活在每方面都是理想的。在纸上把它写下来。

下面是关键问题：现在，你要采取的第一步是什么？第二步会是什么？打造你向往的完美生活，你需要经历的过程是什么？

向前计划，向后思考

想象你的目标是在一个特定的领域里建立一个成功的企业。向前计划3—5年，你现在在那个领域里拥有一家成功的企业，它会是什么样子？它会有多大？你会和哪种人一起工作？你会在市场上有什么样的声誉？你的销售额和利润率水平会怎样？你会怎样经营这家企业？特别是，你现在能做什么，把这个未来的梦想变为现实？

完成一个句子

下面是一个你能采用的创造性思考练习，被称作"完形填空"。这是一个强大的方式，你能立刻使用，去激发更快、更容易地实现目标的想法和直觉。

在完形填空中，你创作出句子的一部分，然后尽可能多地想出不同的方式去完成它。

例如，你可以说"我们会在接下来的12个月里把销售量翻一倍，如果我们_____"，然后完成这个句子。或者你可以说"我们会在接下来的12个月里把利润翻一倍，如果我们_____"，然后完成这个句子。

有时你可以与一群人一起做这个练习。你们每个人都可以为完成这个句子献计献策。群策群力经常会引出非凡的想法和洞察力。

产生个人的答案

在个人层面上，你可以开始于一个句子"我会在接下来的12个月里把收入翻一倍，如果我_____"。然后用10个或20个不同的答案去完成整个句子。你第一次做这个练习时，可能会惊讶于自己得到的结果。

下面是一些你可以完成的问题实例，这些可能会给你带来改变生活的答案：

- 我可以实现我的目标，如果我_____。
- 我可以立刻开创一家企业，如果我_____。
- 我可以把我的企业做成功，如果我_____。
- 我可以完全解决这个问题，如果我_____。
- 我可以得到我需要的钱，如果我_____。

你可以为自己面对的任何问题或目标创造一个完形填空的练习。记住，你创造出的想法的质量将与你提出的问题的数量直接相关。

在每个问题上实践"思维流"

激发创造性思维最有力的方式或许是所谓的"思维流"，或"20个念头法"。比起其他任何创造性思维的方法，这种想法让更多的人致富了，包括我自己。事实上，如果你从这本书里学到的只有这一种方法，并且不断地运用它，那么单凭这一项技能就可以让你踏上自己的致富之路。

这个方法很简单。拿出你的任何问题或目标，把它以问题的形式写在一张纸的上端。例如，如果你的目标是在接下来的12个月里把收入翻一倍，那么你就写下："我怎样能在接下来的12个月里把收入翻一倍?"

接着你就约束自己对这个问题写下至少20个答案，你的"创造性汁液"会开始流出。如果你愿意，你可以写下超过20个想法，但不能少于20个。

你将发现前3—5个想法相当容易，接下来的3—5个想法就有些难了。而最后几个想法难得几近酷刑。你的思维往往会出现空白。你将坐在那里看着这张纸，完全想不出问题的答案。

但好消息是，只要你强迫自己坐在那里写出至少20个答案，你的"创造性汁液"就会开始涌出，新的想法就会一个接一个地出现在你的脑海中、出现在你面前的纸上。令人惊讶的是，通常最后一个答案，也就是纸上的第20个答案，就是改变你整个生活或工作方向的突破性想法。

从这天起，无论你何时有什么问题或任何麻烦，以一个问句的形式把它写在一页纸的上端，强迫自己对这个问题创造出至少20个答案。对你的每一个目标都这么做。对你面对的每一个阻碍或困难都这么做。就像呼吸或刷牙那样正常和自然地做这个练习。

使用"思维流"法，形成的想法的质量和数量会让你惊讶万分。你越经常练习它，你就会变得越聪明、越敏锐、越有创造力。

如果你早上的第一件事就是做这个练习，就在你写出自己的目标之后，你的思维一整天都会闪现着灵感。在每种情形中，你的思维都会舞动着新想法和办法，去实现你的目标和解决你的问题。

集体讨论

还有一个产生创造性想法的方式被称为"策划"或"集体讨论"。这种不可思议的方式包括，与一群人坐在一起，他们齐心合力为实现你的目标或解决你的问题而创造想法。当一群人坐在一起，把他们的全部注意力都放在一个麻烦或问题上，涌现出来的答案的质量和数量绝对会令人吃惊。

对你来说，有效的集体讨论的关键是，首先在一个麻烦或问题的定义上取得一致。在一块白板或活动挂图上把它写出来。确保每个人都明确知道这个小组要关注和讨论的问题。

给自己一个具体的时间限制，在15分钟到45分钟之间。首先确保这里没有嘲笑、批评。你们的目的是，在设定的时间长度内，集体讨论出尽可能多的问题的答案。你们在与时间赛跑。

几年前，我们为一家《财富》500强公司策划了集体讨论的活动。这个小组由高级经理、中层经理、几位秘书和助理构成。他们每个人都坐在自己那组的圆桌旁。然后我们给了他们一个相同的问题，鼓励他们相互竞赛，看看哪桌能对这个集体讨论的问题产生最多的想法。

在最后20分钟，我们停下活动，计算结果。由高级和中层经理组成的每一桌，答案的平均数是52个解决方案。但最大的惊喜是，由5名秘书组成的那一桌产生了177个想法，其中有许多想法相当不错。在集体讨论部分，你永远无法判断出最伟大的想法和直觉来自哪里。

善用假设

你可以运用假设的方式去激发创造力。在运用假设时，你完全扔掉所有的限制。提"究竟"的问题，譬如："我们究竟用这种方法做，还是一起停下来？"提"为什么"的问题，譬如："为什么我们在以这种方式做这件事？"或者："如果我们不以这种方式做这件事，我们还能再把它建立起来吗？"记住，多数人都陷入舒适区，继续一遍遍地用相同的方式做着事情，没有提过问题："还能有更好的方法吗？"

你可以在个人生活中运用这个假设的方法。清晰地写出你理想的生活方式，描述你理想的工作环境，描述你理想的职位，描述你理想的收入和你与家庭成员理想的关系。然后开始问自己，为什么你在做一些特定的事情，为什么你没在做其他事情。如果你做了完全不同的事情，或是把你一直在做的事情停下来很长时间，会怎样？

下面是一个练习，我已经让许多学生做过，很简单："如果你对生活中的任何一部分感到不开心，拿出几分钟写出你理想中的情形。"

一旦你坐下来开始清晰地描述将来某个时间你的完美生活和工作，你就开始提出问题，像："为什么我不享受于这个职业或这份工作或已经拥有的生活方式？"

你可以问："我需要做些什么改变，开始把我的现状变得更像我的理想状况？""要发生什么，我才能开始更接近并创造我向往的那种生活？"

清晰的目标是最基本的

人们没有实现他们在生活中想要做的事情的主要原因是，他们甚至不清楚这些事情具体是什么。如果你让一个不快乐的人描述他或她的理想的生活方式，在多数情况下，他们根本没有想法。

你理想的生活方式是什么？你理想的工作或企业是什么？如果你能做你想做的任何事情，住在你想居住的任何地方，与你想要的人一起工作，它们会是什么？为了把这些梦想和目标变为现实，你要从今天开始做什么？

尽可能详细地设想你理想的目标，就好像它们已经是现实。设想的行为不仅引发出创造性思维，而且能激活吸引力法则，开始把能够帮你将之变为现实的人物、条件、想法和机会吸引到你的生活中来。

把自己计划到未来之中，就像你已经在做你想做的事情，过上你想过的生活。然后从那个有利位置出发，回首今天，想象从今天开始你能采取的行动，实现你的理想。

向前计划三年，然后回到现在，问："从我此时这个地方，我要做些什么，才能到达从今起三年内想要到达的地方？"列出你能想出的你开始朝那个方向迈进的每一步。通过优先性来编排这个清单，选择你能开始的第一件事。然后，命令自己立即采取那一步。千里之行始于足下。

评估你的想法

一旦你产生了可以用于去解决问题和实现目标的大量想法，对你而言，下一步就是在投入时间、金钱和精力完成它们之前，对它们进行评估。你需要坐下来，看着自己提出的想法，进行分类，去粗取精。

多数想法都不实际，或是没有价值，至少它们的原始形式是这样的。想法本身并不值钱。这就是为什么我们强调要不断地产生大量的想法。一旦你提出自己认为有价值的想法，下面三件事要铭记在心。

想法可能毫无价值

首先，想法本身没有价值，它们只不过是创造过程的开始。就像爱迪生说的："天才是1％的灵感加99％的汗水。"一旦你想出一个好主意，真正的工作现在就开始了。

保持客观

其次，对于你的想法要保持客观。询问其他懂行的人对你的想法的评价，以一种开放的心态去聆听。别只因这个想法是你的，就犯错误爱上它，然后花掉你所有的精力保卫它。无论你多喜欢它，做好接受你的想法可能无效的准备。

让它们冷却下来

再次，在启动它们之前，让你的想法先冷却下来。有时，一个想法今天对你来说是令人兴奋的，但三天以后就将失去它的大部分诱惑或吸引力。去安静地坐上一个小时，把这个想法在你的头脑中翻来覆去地想想。试着平静、无感情地看待它。要有耐心。过于快速的企业决策经常是错误的。

提出正确的问题

下面是你可以提出的问题，判断你的想法是否优秀：

- 它有效率吗？
- 它会起作用吗？
- 它会获得成功吗？
- 它是与众不同的吗？
- 它是对人们现在使用的产品的一种提高吗？
- 大家在不必改变行为方式的前提下，会使用它吗？

投资于一个未对现有产品有重要改进的想法是会赔本的。此外，许多企业家都有一个认知误区，他们认为消费者会改变自己的行为，去使用一种新的产品或服务，只是因为它们更好、更便宜。事实极少是这样。

你到底有多想要？

下面是另一个问题：这个想法与你的目标一致吗？你到底有多想去试

试它？很多时候，你会在并不吸引自己的领域中提出一个想法。你能对这个想法或为这种产品或服务拥有热情吗？记住，你所开创的任何企业都是你个性的延伸，它是你的信仰、你的目标、你的性格和你的野心的延伸。因此，只有你能为之兴奋，又让许多人也呼应的想法才是好的。

提出关键的问题

下面是在你开动一个新想法之前，必须要问的另外一些问题：

- 时机正确吗？
- 它现在可行吗？
- 当你真正去实施它的时候，它还可行吗？
- 你有能力完成它吗？
- 如果能完成，它值得做吗？
- 它简单吗？

最后一个问题通常是最重要的。简单性是创新的关键。所有成功的新想法基本上都相当简单。如果它不简单，可能就不会成功。它必须能简单地解释、简单地销售、简单地理解、简单地使用。步骤越多、越复杂，成功的可能性就越小。

在实现财富目标的路上，要记住的最重要的一点是，有一个等待被发现的解决方案。你生活中的成功与你有多善于利用自己的创造性想象去实现目标和解决问题有着直接关系。幸运的是，你的想象就像一块肌肉，是可以锻炼出来的。忙起来，今天就开始运用你的想象力。

行动练习 ---

1. 关注能激发你的思维、唤起你的创造力的问题。确定一个目标，然后问自己："我目前为什么没有在这个目标上？主要原因是什么？"

2. 找出你实现财务自由目标最大的障碍。用"思维流"去解决它，把它表述为一个问题，然后对这个问题想出20个答案。

3. 通过提出列在本章的一些问题，分析你的产品或服务。确保你的产品或服务是可销售的、有利可赚的。

4. 与你的同事和家人进行集体讨论。在15分钟到45分钟之内挑战自己，想出尽可能多的不同的解决方式。

5. 安静地坐下，让你的思维飘散、放松。开放地对待短暂的直觉，它会带给你实现目标的洞察力和想法。

6. 想象你自己的方法是完全错误的。如果你是错误的，你能采取的其他行动是什么？

7. 不断清晰地写出以及重写你的目标。这项练习对激发你的创造力和释放你内在的天赋会起到神奇的功效。

"想象比知识更重要。知识是有限的，想象却环绕整个世界。"

——爱因斯坦

10

向榜样学习

"开始想象最满意的结果会是什么样子。

复习这些图景，描绘细节及结果。

一遍又一遍地对自己放演，直到它们成为你的现实。"

——麦克斯维尔·马尔茨（Maxwell Maltz）

关于致富，你需要学习的只有两种方法：你可以从自己的错误和经验中学习，或者你可以从别人的错误和经验中学习。

第二种方法，从别人的错误和经验中学习，要廉价、容易得多。这也是最少被使用的。然而，通过系统地研究和复制那些在你之前已经成功的人，你就可以大大加快迈向财务成功的步伐。

在本章里，你将学到其他白手起家的富豪为致富做了什么。你将学到最成功的企业前进到它们那个产业的前列所做的事情。你将学到成功的个人和组织使用的，实现远高于平均水平的目标的战术、技术和方法。

复制成功经验

个人发展的一个最有力的技巧是"示范"。这种方法需要找到成功人士，研究他们的思考和行为方式，然后准确地复制他们。各个领域的顶尖人物，很多都是从向他们领域里最棒的人学习开始的。

如果你想成为生活中任何领域的胜利者，那就开始像成功者那样走路、谈话、行动。你将很快开始像他们那样思考和得到与他们相同的结果。你将开始相信，你天生就是赢家，没什么能阻止你。随着时间的推移，这个信念将成为你的现实。

伟人的品质

几年前，盖洛普（Gallup Organization）访问了列在美国名人录（Who's Who in America）上 1500 位成功的先生和女士。这本书被称为"社交界名人录"。它由全美最受尊敬、享有声望的人组成。

盖洛普的研究员访问了这些引领美国的典范人物，向他们提问："在你的生命过程中你觉得自己为什么能获得如此巨大的成功？"

通过把这些访问的结果组合起来，研究者确定了每个领域里杰出人士的五个品质，这些品质解释了他们为什么比同领域的奋斗者要做得出色。

常识不平常

他们都赞同的第一个品质就是常识。被访者不断地说，常识是他们通向成功的关键，是一个基本的素质。

研究员接着问他们："您所说的'常识'是指什么？"他们给出的最精确的定义是"常识是拥有经验，思考那些经验，然后从那些经验中总结，得到概括性的法则，能被用于指导接下来的经验的能力"。

换句话说，常识就是从经验中学习，通过学习来增长智慧的能力。古希腊哲学家亚里士多德曾经说过："**智慧等于经验加上反思。**"具备高水平常识的人士，不仅拥有大量经验，而且拿出时间去反思那些经验，从而在更深的层面上进行学习。

许多人拥有多年的经验，但他们从未花时间坐下来从经验中思考。他们太忙了，没工夫反思、审视这些经验，好让他们能提炼出将来可以运用的一般性法则和原则。

现如今，成功的关键是知识和实用知识。首先，学习在你的领域中想要做得出色所需要的知识。智慧需要应用那些信息加上接下来每一次的经验，然后再反思你学到的知识和经验。智慧需要不断地把知识和经验加入你的贮藏柜，让你下次能提高自己的执行力，把工作做得更好。

聪明是像聪明人那样

在研究中，顶尖美国人的第二个素质是聪明。所有那些被访者都承认，他们达到高水平是因为他们的智力能力。

研究者指出，他们许多人没有上完大学，有些在高中就辍学了。那些上了大学的人，有很多学业也不优秀。美国名人录上的许多人，分数不过就是平均分水平，甚或平均分以下。

研究表明，聪明有两个定义。第一个定义是多数人都赞同的，它是"智商"或IQ。多数人根据自己在学校的表现评估他们的IQ。在学校没有得到好分数的普通人通常认为自己的IQ在平均分之下。这种观念可能影响他们日后的生活。

1. 你的成绩并不决定你的未来

事实上，有许多在学校没有得到好成绩的人在成年生活中都非常成功。一些研究显示，成功的企业家通常有像孩子一样缺乏专注力的特征。他们好奇、没有耐心、行动快，对学校细枝末节的课程没有兴趣，或在后来的生活中，对企业的细节不感兴趣。但他们却又有很高的智力水平。

哈佛大学的霍华德·加纳德（Howard Gardner）博士把这看成是他所谓的"多样智力"。有些不同形式的智能，比如视野空间、肌肉运动知觉或肢体和音乐智能，没有一项能在学校看得出来。标准智商测试衡量的只是智力活动，从语言及数学的两个维度测试。加纳德博士发现的是一个人可以在音乐智力上是个天才（比如莫扎特），却在学术领域很糟糕。

2. 报酬最高的聪明人

今天在美国报酬最高的聪明人拥有的是"社会性智力"，被定义为与他人融洽相处的能力，以及"企业智力"，被定义为看见机会、创造出人们想要和需要的产品和服务、能销售出利润的能力。这两种形式的智力很少在学校里被测试。你可能在其中一项或两项上都是天才，但如果你的成绩很差，你可能就认为自己比其他人笨。这完全是错误的。

事实是，全方位的智力无法由标准的智商测试来衡量。我所找到的有关智力的最好定义是：**智力是一种行动方式**。如果你在一个特定的情形下很聪明地行动，你就是一个聪明人；如果你在一个特定的情形下很愚蠢地行动，你就是一个傻瓜。它与你在学校的成绩无关。

3. 聪明的行动方式

那么，什么样的行动是一种聪明的方式？

一个聪明的行动方式是，在某种意义上与实现你自己制定的目标相一致的行动。当你在做推进你走向实现目标的事情的时候，你就是在聪明地行动。这是你的选择，你真的想要什么决定了你的行动是否明智。每次，当你做出一个不利于你实现目标的决定的时候，你的行为就不聪明。

做好你的工作

在调查中，杰出人士的第三个素质是，专业。专业被定义为："极其出色地做好工作的能力。"当你被认为在你那个领域是一个顶尖执行者时，你就具备了专业技能，有能力获得你这个位置所能达到的成功。

在研究中，所有人只有他们完全献身于自己的行业中，做到出类拔萃，才会成功。遗憾的是，多数人都没有这样的意识。在任何领域，普通或平庸的人是很难成功的。即使中上等的行为也不够。只有下定决心致力于优秀，才能推动你达到你的领域的尖端。

1. 下决心成为最好

真正成功的人开始他们向上的轨道都是因为无论在做什么，他们都把自己投入"成为最好"的目标中。他们向自己许诺要精通某项技能。

我前面写过花5—7年的时间、1万小时的实践，你方可升入你那个领域的前10%。对神经外科医生或执业律师来说如此，对企业家或销售员来说亦如此。

精通你的领域根本没有捷径。根据上千次访问，在一个特定的领域里，两年的时间才能让你知道这对你是否是合适的职业。在创业中，在开始挣到比它保持开门所需成本高的收益之前，要花上两年的赔本时间。

你还需要另外两年时间去决定你是否有愿望和能力提升到你的领域的前列。在企业中，你在第三、第四年挣到足够的钱去还清前两年发生的债务。四年之后，如果在正确的行业或企业，你就开始向第一集团挺进。四年之后，你会有足够的经验做出越来越好的决策，得到越来越好的结果。

2. 七年达到大师级

到了第七年，如果你全身心地去完成工作，不断地提高知识和技能，你将突进到领先位置。你将进入前10%，开始享受几倍于你那个领域里普通人的成功和收益。当你在自己的领域或企业中进入前1%或2%，你挣到的收入将是那些满足于在一般水平辛勤工作的人的数十倍甚至上百倍。

有时在我的研讨会上，当我解释这一点时，人们抱怨，并与我争论："那也太长了！"我只是说："时间无论怎样都会过去。"

在5—7年后你老了多少？时间无论怎样都会过去，唯一的问题是，你愿意在5—7年后坐上你那个领域的顶端，得到伴随着巨大财富的成功，或是仍然要与其他普通队员一起跑在组织的后面？

无论你在什么领域，一定要确保那是适合你的领域，然后把你的整个身心投入它。它是否花5年、6年或7年都不重要。重要的是，你在将来要达到顶端。当你行动的时候，你忍受的一切痛苦都会在那里消失，留下的是美妙的自豪感、个人力量以及自尊。为了在所做的事情上干得出色，你所付出的所有努力都是值得的。就像法兰克·辛纳屈（Frank Sinatra）说的："压倒一切的成功是最好的报复。"

对你的生活负责

在盖洛普的研究中，顶尖人士的第四个品质是自我依赖或自我负责。顶尖的人们总把自己看作是他们自己生活的主要掌控力量，对自己成功负有最大责任的人是完全负责制定和实现目标的人。

杰出人物拒绝找借口。当他们犯错误时，他们迅速地承认、修正、执行。他们不指望别人对错误负什么责任。他们不对别人进行批评或谴责。他们总把自己看作是他们生活舞台剧中的领衔主演。

1. 迈向成熟的巨大一步

为自己、为你的一切承担个人责任，这是迈向成熟的巨大一步。许多人因为不断地提醒自己过去发生的不愉快的经历而毁坏自己的生活。他们一直愤恨于他们的父母、他们的兄弟姐妹、他们糟糕的婚姻、他们差劲的老板。他们放不开那些人、那些事。他们不断对自己和别人抱怨。因此，他们实际上是把自己的脚放在了刹车上，阻挡自己前进。

杰出人士的特征之一是，他们放开过去。他们拒绝对他们无法改变或有所为的事情感到沮丧。这包括过去所有的事情。对待过去最好的方式是从中学习，形成更大的智慧，然后继续你后面的生活。

不要一直对伤害过你的人生气。无论你何时想起一个过去与你在一起，现在仍然令你难过的人，立刻说："我宽容了他/她的一切。"忙于自己的目标，不要去考虑那个人所做的，或没有做的，或过去已经发生过的事情。

2. 减少你的消极情感

减少任何消极情感的最好方式是，简单地重复这个宣言："我是有责任的！我是有责任的！我是有责任的！"因为你的思维里只能同时持有一种思想，积极或消极，你可以利用置换法则，通过说"我是有责任的"来抵消消极的感觉。

因为多数阻碍你前进的消极情感都根植于某种责备，当你说"我是有责任的"时，你都把责备放到了自己的头上，把自己放到了生活的驾驶座上。你会立刻感到更有力量，更能控制你的情感。

只要你为任何事责备任何人都会让你不开心，因为你把自己放在了一个受害者的位置上。当你进行责备或批评时，你就让自己软弱而让别人（在你自己的思维里）强大了。实际上你让别人控制了你的情感。你一想起他们，无论他们在哪里，都会立刻感到愤怒和不悦。你掉进了无底深渊，纠缠于过去不愉快的经历，毁了自己的未来。

结果导向

研究中，杰出人士的第五个素质是，"结果导向"。这是指顶尖人物要不断思考达成结果的决定因素。他们一心一意地专注于把工作迅速、可靠地做好。

结果导向的人有着清晰的目标和优先次序。他们知道什么是相关的、重要的，他们不离开这个任务，直到完成。因此，他们能够产出更大的价值。

归根结底，结果就是一切。你得到报酬，是因为你工作结果的质量和数量。不断问自己："我期待什么结果？"在你期待的所有结果中，哪一个是最重要的？你能怎样组织自己的生活，好让你得到越来越多决定你成功和收入的最重要的结果？

像顶尖人士那样思考

在我们的私人培训计划中，我们训练企业家和执行官以他们的"小时率"进行思考。这几乎总能带来惊喜。绝大多数企业家和执行官都以他们每个月或每年挣多少来思考。但顶尖人物——高级执行者、成功的企业家和杰出的执行官——都以他们每小时挣多少进行思考。因此，他们比普通人更善于利用时间。

应用于工作的"三法则"是说，在你的工作中有三件事情得到了90%或更多的结果。你决定这三项任务的能力是获得成功的关键。

下面是一项练习。列出一个单子，包含你在每周或每月的工作中所要做的每件事。回看这个清单，提出问题："如果我只做清单上的一件事，那么哪一项活动对我和我的企业贡献出最大的价值量呢？"

你在工作中所做的最重要的事情或许将从清单上跳到你面前。然后你第二次提问："如果我整天只能再做一件事，那么会是哪个？"

选出了第二个任务，再问一次同样的问题，直到你确定出前三项任务。如果你想进入你的领域的前列，把收入翻倍，在企业中成为最成功的人之一，从现在起把自己整日关在这三项任务和活动里。这是踏上你自己的致富之路的最重要的环节之一。

领先者的品质

成功的企业家和商人有特定的品质，你也可以学习和实践。

愿景

顶尖人物的第一个品质似乎是，他们对他们想为自己和他们的家庭创造的理想未来有一个清晰的愿景。

由詹姆斯·克里本（James Cribben）进行的3300次领先者研究中，寻找伟大的领先者最普遍的品质时，他把"愿景"作为其中一项，一直追溯到公元前600年。领先者有愿景，而非领先者没有。正是你为生活创造一幅愿景的行动让你开始成为自己和他人的领导者。

1. 想象你的未来

把自己的生活计划到未来3—5年，想象你在每方面的生活都是理想的。它会是什么样子？

想象你的工作或职业在各方面都是理想的：你在做什么？你会挣多少钱？想象你的财务状况是理想的：你在银行会有多少存款？你的净资产会有多少？想象你的家庭情况在每方面都是完美的：你会有怎样的生活方式？你会花多长时间与家人在一起？想象你的健康在各方面都完美：你的体重会是多少？你有多健康？你正在做什么与今天不同的事情？

在影片《南太平洋》（*South Pacific*）中，有一首歌唱道："如果你想把一个梦境变为现实，那你就要有一个梦。"拿破仑·希尔在《思考致富》（*Think and Grow Rich*）里说："人们思维中能拥有和相信的任何事都能实现。"所有的领先者都让自己去梦想，然后他们投入到把梦想变为现实的工作中。

2. 计划到未来

在建立你自己的企业或职业时，花时间想想它在未来会是什么样子。如果你希望你的企业在这个行业里是最棒的，描述出当你实现那个目标时，它看起来会是什么样子。

当我为公司做战略性企划时，我们开始于想象这家公司是未来五年里是这个行业的顶尖企业，然后走回到桌子旁，提问："如果我们是这个行业里最好的公司，我们会被别人描述为什么样子？"

通过优先性，我们把这些描述进行排序，讨论出我们能立即开始的创建这个理想未来的具体行动。你也可以为自己、为你的企业和你的生活做这件事。它是一项强大的活动，通常会改变你生活的整个方向。

形成任务感

领先者具有任务感。他们对自己所做的事情有热情，并且致力于把它做好。

曾几何时，一个默默无闻的导演名叫乔治·卢卡斯（George Lucas），有了一部未来空间冒险影片的设想，那与过去拍摄的所有电影都不同。他月复一月地走访一家又一家摄影棚，努力为他的想法争取支持和资金。但这个想法太激进了，他一次又一次地被拒绝。

然而，卢卡斯坚决不放弃。他继续坚持，最终积累起足够的钱，拍摄了影片《星球大战》（Star Wars），该影片成为历史上最成功的电影之一。《星球大战》开创了好莱坞大片的时代。他的公司最终创收了数十亿美元，在全世界销售《星球大战》系列和世界其他地区的畅销电影。他从此再不用为筹资而发愁。

成为一个完全的乐观主义者

除了愿景和任务感之外，领先者和成功的企业家另一个品质是，他们是高度的乐观主义者。因为这种乐观，他们对成功有"不现实期待"。他们绝对相信，迟早，以一种方式或另一种方式，他们将在自己所做的事情上成功。

乐观者似乎有两个明显的品质。首先，因为有"不现实期待"，他们愿意尝试更多的事情。如果某件事行不通，他们就尝试别的，然后再试另一个。为了实现成功，他们不害怕失败。

"或然性法则"说，**你尝试的事情越多，你就越有可能成功**。实际上，所有成功的人在成功之前，都尝试和失败过无数次。他们为自己使用或然性法则。就像耐克的菲尔·耐特（Phil Knight）曾经说的："你只能在最后一次成功。"

真正的乐观主义者拥有的第二个品质是，他们坚持得更久，他们从不放弃。他们一直尝试新的不同的事情，如果某件事不起作用，他们就尝试别的。

相信"或然性法则"。如果你尝试更多的事情，你可能会坚持得更久，你终将在正确的时间尝试到正确的事情，取得突破。

哈莱德·桑德斯在65岁起步，销售他烹饪炸鸡的菜谱。他给上千家餐馆打电话，提出与他们分享这道菜谱，也被拒绝了上千次。但他坚持打电话，在他的旧车里围着自己的锅碗瓢盆生活。他从未放弃。

最终，在大西洋彼岸长途跋涉了数月，他找到一家餐馆老板同意用他的方法，每烹饪一只鸡付给他5美分。很快，老先生找到另一家餐馆，然后又是一家。剩下的历史大家都知道了。肯德基成为最成功的特许经营店之一，分销商遍布全球。桑德斯成为亿万富翁，并且是世界商界最知名、最受欢迎的人物之一。

随处寻找机会

成功的企业家和商人似乎都非常善于发现市场机会，找到人们想要或需要但还未被提供的产品和服务形式。然后他们设计、制造，或得到授权去分销新的或更好的产品或服务，服务于那些市场需要。

汤姆·格里萨诺（Tom Golisano），一位在纽约罗切斯特工作的会计，看到他的小企业客户需要跟进工资表和不断改变的劳动法。他开创了沛齐（Paychex），去管理客户的工资表，并把它建成了美国最成功的公司之一。格里萨诺曾被《福布斯》杂志评为美国最富有的人之一，当时净资产超过10亿美元。

找到你自己的"钻石庄园"

你有无数的机会去创建一个新企业，它们多数就躺在你自己的脚下。你怎样拥有追随领先者的能力，发现让你能利用的致富机会？你可以采取几个步骤。

第一步　汇总信息

首先，开始去汇总你感兴趣的那个领域里的人物和企业的信息。订阅那个领域里所有的商业期刊。找到有潜力的公司，进行研究、比较、分析。与员工、消费者和其他同行谈论这些行业先锋以及你感兴趣的蒸蒸日上的公司。

参加你选择的那个领域的研讨会，由专家为你授业解惑。在课间向专家提问，向他们询问要做什么、要读什么。一遍又一遍地学习和巩固，成为专家。

第二步　把你自己看成已经成功

开始把自己设想成已经在那个企业里取得成功。创作出一幅清晰的图景，包含你的样子、穿戴、谈吐、行动和财富。把你的设想与行动结合起来。每天做些积极和建设性的事情，把自己推向成功的目标。

心理学家发现，你可以通过假装自己已经取得想要的成功，相信自己成功的能力，去开展活动。你越像一个成功者那样走路、交谈和行动，你就越能感觉到它、相信它，它就会越快地成为你性格的一部分。

第三步　睁大眼睛

处处寻找赚钱的机会。机会几乎在每一个工作中都存在。例如，杰瑞·戈登（Jerry Gordon）开始在肯德基的加盟店里做厨师。因为他们仍在手工筛面粉，所以他看到对自动面粉筛的需要。他开始利用自己的业余时间在自家车库里发明这种机器。

一年内，杰瑞向桑德斯销售了 12 台筛面粉机。桑德斯对他印象颇为深刻，于是贷款给杰瑞 1 万美元，让他去开创自己的企业。杰瑞持续为快餐企业生产能够节省时间和成本的食品加工设备，最终成为富豪。

1. 在你的视线里看

在商业中，有一个概念叫"视线原理"。这个概念是说，**每个人都能在他或她的视线中看见可以改善的机会**。你应该在你的视线中，在你现在这个位置上看机会。在你正进行的事情中，几乎总可以看见改善的空间。

你可以从日常问题中得到好点子。咖啡机的创始人注意到，员工们去街上喝咖啡浪费了时间。他向雇主展示咖啡机如何能为员工们节省工作时间。现在，几乎在全世界大多数的办公室里，都有一台咖啡机，或类似的东西。

2. 从小事开始，利用客户融资

起步无需很多钱。你可以从小事开始，得到你的客户，为你融资。丹尼尔·K.路德维格（Daniel K. Ludwig）开始时钱很少，但有着一个伟大的想法。他发现，若能与一家石油公司签订长期的租船协议，用油轮运输石油，他就能把这份租约拿给银行，借钱去建造油轮，用大型石油公司的租赁费支付银行贷款，产生巨额利润。之后他一次一次重复这个模式，与石油公司签下货运租约，借钱去建油轮，然后从收益中支付贷款。几年之内，他就成了亿万富翁，通过用别人的钱工作而成为世界上最富有的人之一。

3. 寻找普通的解决方案

寻找可以被其他客户复制的解决方案，也就是你能重复为别人做的事情。问自己："这个想法有市场吗？这个市场足够大吗？"鱼是给鲸吃的，而不是给小鱼吃的。追求最大的市场而不是最小的市场。

施乐公司（Xerox Corporation）起步于解决了让一份文件不用复写纸就能产生多份的问题。这家公司对干式影印拥有了专利，改变了世界。

4. 确保它能卖出去

寻找可以被有销售能力的普通销售员卖掉的产品或服务。问自己："谁将销售这种产品或服务？他们怎样能把它销售出去？"

记住，因为大多数销售员都是普通的销售员，这就要求你提供的是一种可以被普通人卖掉的产品或服务。如果它是一种需要天才才能销售或安装的产品或服务，那它就不会成功。

5. 用口头语做广告

可以通过口头语就把产品或服务卖出去。在美国，80%的销售取决于口头广告。如果你能找到一句广告词，像"可以持续点亮5万小时的灯泡"，就会让人们谈论它，这可以是你的营销策略。

6. 寻找有利润的产品和服务

要有最适宜的价格—成本关系。你至少应该把它涨到3∶1。这意味着，如果你的产品花1美元生产，在市场上你应该能把它卖到至少3美元。

在制造业，最好涨到4∶1或5∶1，甚至10∶1。许多生产出来的产品，特别是进口产品，从它们的生产成本到零售的涨幅达10∶1之多。这个涨幅量给你足够的空间，通过初创阶段得到你的产品，挣到足够的利润去拓展你的企业，以利于将来引进新的产品和服务。

成为一名学徒

如果你想追随领先者，可以在你选择的那个领域里找一份兼职或全职的工作。通过在你正想进入的领域里开始一家企业的兼职获得经验。你可以找到一个知识渊博的合作者，在那个领域有多年的经验，向他或她学习。

你可以通过参加你那个领域里的特别教育课程，从中吸取别人的知识和经验。你也可以雇些有经验的人，比如顾问，不必完全自学。

知识就是力量。企业成功的主要原因之一，是企业家学到了他或她正进入的企业所需要了解的一切。

租借或购买你需要的知识

在创业初期，你能做的最聪明的一件事就是，拜访或雇用一位专家。准备保留一名企业顾问、一名营销顾问、一名广告顾问。租用他们的大脑，就好像你去看医生、牙医、律师。找一位已经在一个特殊领域有多年专长的人，购买职业的知识和经验。

与成功的人出去吃饭，向他们提问题。几乎可以肯定，成功的人会帮助别人成功，只要你请求他们。在你的领域选择你最赞赏的人，邀请他们出来吃饭，或至少请他们喝杯咖啡。与一个成功的人谈上几分钟，通常是在那个领域里得到为了成功所需要的关键洞察力，你能做的最便宜的投资。

请求建议

如果他们太忙，没时间喝咖啡或吃午餐，那就向他们请求10分钟的时间，得到他们有关企业成功的最佳方法的建议。当你约见他们时，说："我真的景仰您在这个领域取得的成功，不知道您是否能给我一些建议，帮我取得像您一样的成功？"

提出"我应该读什么书？我应该上哪些课？我应该看哪些节目？我应该去哪里？我应该做什么？"这些问题，来自另一个成功者的几句话可能节省你几年的辛苦工作和数以千计的金钱。

研习成功的公司

为了在任何行业中生存发展，你至少要与你的竞争对手一样优秀，通常要更出色。找到另一家成功的公司，最好是顶尖公司，尽你所能复制那家公司的经验。然后，努力比它做得更好。

这家公司怎样吸引客户？

当你研究另一家成功的公司时，首先了解这家公司为吸引消费者做了什么。这家公司是如何做促销和广告及如何创造收益的？

这家公司怎样销售？

它使用了什么销售技巧？它的最成功的销售方法是什么？它提供什么？它给出哪种保证或担保？它向客户提供哪些售后服务？

谁在购买产品或服务？

它销售给哪类客户？谁是这个特殊产品或服务的客户？根据年龄、收入、受教育水平、性别、职业和财务能力详细地描述他们。

这家公司怎样收款？

这家公司对产品如何定价？它怎样收款？它要求预付定金吗？它提供月付吗？它都是现付吗？它给出什么样的期限？

这家公司包括什么？

在它的产品或服务里加入什么或包括什么？如果你要与其他公司竞争，你就要知道这家公司为吸引和留住客户所做的一切。

这家公司在哪里销售？

这家公司在哪里销售它的大部分产品或服务？它的仓库或办公室的是哪里？哪个州？哪个城市？城市的哪个部分？

它实施的是怎样的客户政策？

它的客户政策是什么？它的担保、退款、折扣、服务保证等是什么？换句话说，一旦得到客户，它怎样对待他们？

一旦你汇集了潜在竞争对手的所有信息，要问自己："我们怎么做能比他们更出色？"

从反复试验中学习

人类努力的每一个领域，都是通过反复试验学习而成功的。你逐渐形成经验库，让你能做出比错误决策更多的正确决策。你可以通过仔细观察别人和别的企业，复制他们提供的最好的经验，加速学习进程。

相信自己具备取得财务成功的能力。此刻，也许还没有一个对你来说最好的想法，但取得财务成功的最快通道是，把学习你的领域领先者、学习你感兴趣的企业每一个可能的细节，当成你的终生习惯。

未来的某个时候，人们将学习你和你的企业方法，向你学习如何致富。与此同时，你要继续每天学习和成长，从别人的经验中获利，节省你的金钱和时间。记住，别赔钱！

行动练习 --

1. 选择一个你最赞赏的企业、产业或个人，开始学习最有价值的行动和品质。下决心向最优秀的人学习。

2. 选择一家你感兴趣的企业，开始汇总那个领域里的人和公司是如何成功的信息。从别人的成功和失败中学习。

3. 挑出在企业中你特别赞赏和尊敬的一个榜样。学习你能学到的有关这个人的一切，想象他或她会怎样做，然后去实践。

4. 在你投入时间、金钱或情感进入一个新企业前，进行调查，找出在这个地区你的竞争对手在为产生销售和利润做些什么。

5. 想象你理想中的企业和生活。它会是什么样子？你能怎样描述它？

6. 在评估一个商业机会时，判断出在那个地区最有利可赚和最受欢迎的产品及服务。你能怎样改进它们，成为这个行业的最优？

7. 确定你工作中最重要的三件事——哪三项任务或活动对你挣钱的贡献最大；安排你的时间，好让工作的大部分时间都在做那三件事。

"把你的时间用在阅读别人的作品上，这样别人辛辛苦苦得到的东西你就会很容易得到。"

——苏格拉底

Getting Rich
Your Own Way

11 跑在前头

"不要短打。把目标瞄得远远的。

立志与不朽为伍。"

——大卫·奥格威〔David Ogilvy〕

三条路径

在最后一章，我想再次向你强调三条路径，去踏上你自己的成功之路。它们每一条都被几十万人甚至几百万人实践成功了，他们实现了财务的自由。

得到一份好工作，把它做好

第一条路是，得到一份好工作，在一家成功的公司沿着你的职业生涯干好。在美国，大概10%白手起家的富豪一生都在为别人的公司工作。他们通过出色地做好自己的工作，得到丰厚的报酬，然后凭借存款、投资和股权等，成了富豪。

成为专业人员

人们致富的第二条路是，进入一个职业，譬如法律、医学、建筑或工程，然后致力于成为那个领域的顶尖高手。

在美国，足有10%白手起家的富豪是专业人员，他们有一份高级文凭，已经到达他们领域的顶尖水平。他们因自己的专业技能而得到优厚的报酬。他们进入职业的前20%，挣到那里80%的钱。

成为顶尖销售员

你能成为白手起家的富豪的第三条路，也占到白手起家的富豪的5%，即成为你那个领域里的顶尖销售员。

在销售中，20/80法则也是正确的：前20%的销售员挣到了80%的钱。这表明，前20%的销售员平均收入是后80%的16倍。

但还有更好的，即前20%的前20%，也就是销售领域前4%的人，挣到了前20%的人收入的80%。

共同特性

据显示，在自己领域里处于顶尖位置的人有两个共同的特性。首先，他们每个人都从底层开始。曾经，他们对那个领域一无所知。他们成就的一切都是自己学习和做出来的。

其次，在职业生涯早期，他们做出决定，要在所做的事情上"成为最好"。他们起步更早，工作时间更久，待在岗位上到更晚。他们致力于投入不松懈的、持续的、永无止境的个人和职业发展中。他们下定决心要在自己选择的领域中，为实现巨大的成功而付出代价，无论哪个方面。

在成为富豪的这些不同的道路上，都有三个成功的关键。首先，制定一个目标，尽可能挣到你那个领域里最高的报酬。其次，通过不断的个人和专业完善，做到绝对出色。再次，下定决心从收入中储蓄10%—20%。

做到了这三件事，你的财务未来就有了保证。

健康、财富和快乐的秘密

做你热爱做的事情

每个领域里成功者的共同点是，他们做自己热爱做的事情。他们深知自己的天赋和能力，然后据此选择他们的职业。他们安排好自己的生活，好让他们能心无旁骛地做自己真正享受的事情，从中得到巨大的满足和欢乐。

明确你的核心竞争力

无论在哪个领域，你必须首先明确自己的核心竞争力，哪些是你特别擅长的。你必须明确自己在哪个特别的方面做得最好，创造了最大、最有价值的贡献。

全身心投入你所做的事情中

有热情地生活！一旦你决定了自己真能做好的事情、自己最享受的事情，你就必须把整个身心都投入其中。破釜沉舟，做一个完全的承诺。就像爱默生说的："没有热情，就无法实现任何伟大。"

致力于出色

个人和职业的出色是没有捷径的。人们没有实现目标，"过着安详的绝望生活"的一个主要原因是，他们没有在所做的事情上变得更好。他们没有把自己投入终生的学习中。他们受到了基本的教育，然后试图用自己已经积累的知识安全航行在他们的职业上。这肯定是失败的处方。你必须下决心成为最好，然后为实现它付出任何代价。

活到老学到老

为了成为最优，你必须不断地在你的领域里探索。你必须在你的车里听广播节目，而不是边开车边听音乐。你必须参加你能发现的每一次研讨会和课程，在自己的领域里发现能帮你进步的知识。有时，一个小小的想法或改变，都可能改变你的职业方向，带你走向巨大的成功。

每个领域的顶尖人物不一定天生就比别人聪明。他们更是那些为了比竞争对手出色，而花时间去学习更多知识的人。

得到较高的收入

如果你想有一个舒适的生活，就要在你那个领域里比别人更优秀。**市场只对非凡的业绩支付非凡的回报。**它对普通业绩给予普通的回报，对平均之下的业绩支付平均之下的回报、不安全感甚至失业。

攒下你的钱

你非常有可能为别人工作而致富。许多顶尖的专业人员、高级执行官、销售明星每年都挣几十万、几百万美元。有些甚至更多。但即使每年挣5万美元，如果你每年省下10%，即5000美元，从25岁到65岁，收到8.5%—10%的回报，你就成了百万富翁。

无论你靠什么吃饭，即便是一份普通工资，如果从职业生涯所挣的钱中省下10%，永远不去动用，你就可以成为一位百万富翁。

就在你现在的位置上做份伟大的工作

并不是每个人都能够或应该成为企业家，开创自己的企业。今天大约90％的人更适合在一个大型组织的构架中工作，在那里，他们充分利用了自己特殊的才能。

彼得·德鲁克说："一个组织的目的是要把力量最大化，砍掉不相关的弱势。"公司组成的原因是，所有者意识到，为了实现生产产品和服务、有效营销的目标，他们需要大量有着不同的专业化才能的人。

如果你有一种专业化才能或竞争力，你在一家公司里工作实际比自己开创一家公司会更有价值。你可以用自己的专业化才能，做有意义的事情，对公司做出最大化的贡献。

进入职业快车道

你可以通过几条战术，进入职业快车道，并保证你在最短的时间内挣到尽可能多的钱。

让你自己不可或缺

首先，可能也是最重要的，让自己成为不可或缺的人。好消息是，这个想法并没出现在太多人的脑海中。当你开始变得不可或缺时，你就坐上了自己职业的加速器。

你的收入总与你做的事情、你做得有多好，以及阻碍你的困难成正比。你的目标必须聚焦在你对公司是如此有价值、如此重要，以致它不能没有你。你的贡献应该是如此重要，以致当市场下滑要裁员时，你将是公司考虑的最后一个人。

一直问自己："我的公司需要我的什么？在我能做的所有事情中，哪几件是对公司最具价值的？"

在我们为成功的执行官和企业家设计的高级培训中，我们不断鼓励大家提这个问题："如果我整天只能做一件事，那么这件事会是什么？"这个问题的答案几乎肯定是，对公司及对你周围的人贡献最高价值的任务或活动。

比别人更努力地工作

勤奋是最快让你进入职业快车道的法宝。遗憾的是，多数人都很懒惰，尽管他们永远都不会承认，但他们在最后一分钟开始工作，他们尽量最早离开。他们在一年中总是生病，用尽所有的病假天数，他们对年假、节日和个人假期忠贞不渝。他们在无意识中把工作看成是一种惩罚。他们寻找每一个尽可能做最少工作的方法，一旦有机会，就从岗位上离开。

但你不能这样。努力工作比其他任何你能证明的品质都会更快得到你上级的注意。记住："早些开始，工作更勤奋些，待到更晚些。"

到达任何组织顶端的人肯定是那些比普通员工工作更勤奋的人。勤奋工作的人无论走到哪里都会为自己找到机会。

在你所有的工作时间里工作

别浪费时间，在你所有的工作时间工作。这个简单的法则能让你跳到你的竞争对手前面。你早上到公司后，立即投入工作。别喝咖啡，别读报纸，别与你的同事聊天或查看你的私人邮箱。相反，开始做你最重要的任务和你的老板认为最重要的任务，专心致志为之努力，直至完成。

如果有人进来问："有空聊会儿吗？"你要立刻说："现在没有。我现在要黏在我的工作上！"建议你们工作之后再聚在一起交谈。拒绝把工作场所当成像个社交俱乐部，在这里花时间与你的同事闲扯。这是失败和完成不了目标最大的元凶之一。

投入额外的时间

提拔、升职、更大的责任、额外的培训及更多教育的机会似乎都流向愿意投入额外时间的人那里。当公司感到需要提高生产力和执行力时，它们总要在人员方面投入。这就是为什么培训机会和更大的责任似乎倾向更勤奋的人，就像铁屑要吸附在磁铁上。

在美国，普通高管一周的工作时间大概是60个小时。实际上，所有最高收入者比收入低些的人的工作时间都长。在任何工作或职业中，在快车道行驶的人几乎很少每周只工作5天或40小时。所有顶尖的人都会工作更长时间，并在他们的工作时间内一直努力着。

如果你希望享受高管的生活，这很简单：要愿意投入高管投进他们职业相同的时间。基于播种与收获法则，这是不可违背的，你要愿意在很长一段时间内投入那些时间。在你开始收获报酬之前，必须准备好这样工作几个月，甚至几年。

改变你的进程

下面是一条简单的战术，可以改变你的进程。从现在起下决心提早工作一小时。这将需要你晚上关上电视，早起走进办公室，好让你能比别人早开始一小时。不被打断的一小时工作与人们不断进进出出常被打断的三个小时的工作，给你带来同样的生产力。

对你而言，战术的第二部分是，在午饭时间工作。许多人都认为午餐时间是极神圣的时段，无论在进行什么事情，它都必须被尊重。这是完全错误的。从现在起，下决心在其他人都出去的午餐时间工作。这将会给你一小时几乎不被打断的时间，在这期间，你可以获得很多额外的收获。

最后，比别人多待一个小时。在这个时间里，你可以赶上你的工作，计划下一天，回复你的信件，完成你的提议及报告。

延长你的工作日

通过提早工作一小时，在午餐时间工作，然后再多待一小时，你可以略微延长你的工作日。因为早到一小时，你将避开大部分交通高峰，因为晚离开，你将在交通拥堵后回家。

如果你的正常工作时间是从早8：30到晚5：00，现在下决心从7：30开始，工作到6：00。你将绝对惊讶于它给你的职业生涯带来的不同。

首先，你每天得到额外的有效率的三小时。因为这个时间大部分是不被打扰的，你将能产出胜过周围人2—3倍的工作。你将会感觉更冷静、更自信。你将觉得更积极，更能控制你的工作。最重要的是，最能帮助你的人将注意到你额外的努力、你有怎样的生产率，这会比其他你能做的任何事更快地打开晋升的大门。

承担100%的责任

对你而言，进入职业快车道的最佳战术之一是，对你的工作结果承担全部责任。拒绝为延期或突然出现的问题找借口或责备他人。相反，要承担完全责任，对你的工作负责。

如果愿意为你的团体的结果承担责任，你将在那家公司提高自己的影响、地位、声望和报酬。

1. 确定你的优先事项

首先，一定要非常清楚你的老板认为你应该为公司所做的最重要的事情。这不是说你不必在你的老板认为不那么重要的事情上努力做得出色，但它能帮助你提高效率。

2. 从你的老板那里接管任务

其次，对你的老板不喜欢的任务承担责任。几年前，当我为一位高级执行官工作时，他给我许可，我每天早上在他进来之前可以查看他的信件。我立刻发现自己能迅速并有效地处理的小问题，节省了他的时间以及他亲力亲为这些事的麻烦。

那时没有人曾为他这么工作过，志愿担起这些小责任。我很惊讶地看到，他是多么感激能从这些细枝末节中解放出来。我从他那里解决的这种小问题越多，他就越赏识我，最终，给我的薪水就越多。我后来听说，我在那家公司工作期间，他支付给我的比其他在任何岗位上为他工作的人都多。

3. 永不满足

关于责任，第三条战术或许是最重要的，那就是：渴望更多。这个方法可以贯穿你的整个职业生涯。

我偶尔被邀请对商业学校毕业班的学生做演讲。组织者告诉我，这些年轻人马上就要进入工作的世界，他们很紧张、不自信，他们不知道自己为了取得成功要做些什么。

我告诉他们，首先，他们的主要工作是完全清楚老板想让他们做什么，然后迅速地把那些工作做好。在自己的时间上制定优先级，总在最重要的任务上努力，就是他们老板规定的任务。其次，主动承担更多的责任。

4. 一个幸运的发现

几年前当我开始为一家大公司工作时，有了一个发现。因为我早出晚归，我有很多精力，我想做更多的工作。因此我开始请求更多的责任。最终，我得到了。一旦你的老板给你一个额外的责任，抓住它，把你的全部精力投入迅速完成好那个责任中。

无论我的老板何时给我一项额外的责任，即使是在星期五的下午，我都会立即投入进去，不停歇地工作直到完成。有时，我会在整个周末完成工作，好让提议或报告能在周一早上完成。这总让我的老板惊诧万分，因为公司里没有其他人会有相同的紧迫感。

5. 你永远不会知道

当我埋头伏案迅速做完工作时，机会就不只是一个了，事实上，那项提案或报告的需要时间要比我的老板原先估计的早得多。但总归是准备好了。我的老板很高兴。因此，他交代给我越来越多的责任。

每次得到一份新的责任，你就得到了一次学习、成长，变得更有价值的机会。不久，无论你的老板何时需要迅速完成一件重要的事情，你都是他第一个想起的人。这条战术非常强大并且有效，它能改变你的整个职业生涯。

在你自己的加速器上加大油门

在一项调查中，104位首席执行官被问道，在他们的团队中，什么素质最能帮助年轻人得到更多的薪水，获得更快的提升。86%的人赞同两个素质。首先，是制定优先级的能力。他们寻找可以分清轻重缓急的人。他们寻找的第二个品质是，迅速完成工作的能力。他们寻找一种"紧迫感"。在最重要的任务上工作还不够。你还要迅速把工作完成好。这是让一个人晋升最快的两个品质，它们都是可以通过实践和练习学会的。

利基战略（重点集中战略）

这条战术要求，你要把自己投入对企业或团队成功起关键作用的工作中。

无论规模大小，现金流几乎总是公司或团队的血液。任何现金流的阻断都可能威胁公司的存活。利基战略要求，你要判别出当影响现金流时，在公司经营中最重要的功能，然后让自己占据那方面的一个重要位置。

多数公司里有六个方面的经营，任何一个都可能是决定企业现金流的关键活动。你的工作是，首先了解你的企业是怎样经营的，它的收入源自哪里，然后瞄准关键区。

1. 营销和销售

对于多数公司来讲，现金流的主要来源是营销和销售。公司把它们的生存依赖在销售和收入的持续流动中。销售和营销部门是企业的心脏。

如果营销和销售在你的公司是关键区域，并且你想迅速获得成功，你就必须把自己放在营销和销售的一个位置上。你必须学习如何去销售，这是你可以通过学习和实践做到的。然后你必须出色地做好你的工作，成为在那个方面不可或缺的人。

2. 金融

公司第二个重要方面可能是金融。一些公司赖以生存的是谈判贷款和在金融市场筹集资金的能力。在那家公司最有能力筹到资金、应对金融中介比如银行和风险投资专家的人，是这个团体内最重要的。

3. 生产

另一个决定现金流的方面是产品或服务的生产。在一些案例中，负责生产的人比企业里其他任何人都重要。

例如，一家已建成的酿酒厂在它的市场中有独一无二的位置。市场份额就相当固定，每月之间的波动不会太大。然而，如果它的啤酒因为任何原因没有供给，购买者将不会等待。他们会去购买竞争品牌的啤酒，而且往往从此永久改变了他们的啤酒购买忠诚对象。

因此，在一家酿酒厂内，在现金流方面，最重要的位置是总维护工程师。为什么是这个？因为酿酒厂的成败依赖于持续、可靠、稳定、保持货架充足的生产流程。酿酒厂任何生产的中断都会导致整个企业慢慢停下来。销售停止、收入削减，酿酒厂的财务安宁就会受到威胁。

这意味着，酿酒厂的总维护工程师实际比总裁更重要。总裁和其他执行官可以来来往往，但若总维护工程师不能确保所有的设备运转正常，那么酿酒厂的所有活动都会停下来。

环顾你的公司。永远都别假设关键的核心竞争力存在于一个特定的方面。有时，你可以判定一个对公司存活至关重要的工作或职位。通过得到那个重要的位置，你就能提高你的价值。你实际就能成为不可或缺的人物。

4. 分销渠道

在一些企业中，分销商的成功和维护分销渠道可能比其他任何活动更重要。

例如，汽车生产商为了创造持续的现金流就需要一个经销权网络。实际上，所有这类生产型产品都完全依赖于他们的分销人。在分销渠道发挥最大影响的人，通常是公司里最重要的人。

如果分销是公司成功的关键，这就可能是你应该加入进去的岗位。通过与分销你的产品的人及团队一起工作，你对企业的现金流来说就变得重要了。

5. 劳动关系

有时，一个企业的成功，特别是一个未分化的企业的成功，完全根源于保持它的劳动力平稳工作的能力。如果劳动关系是企业的关键，那就在劳动管理活动上干得出色，你就能成为企业不可或缺的人，因此也就有了更高水平的收入。

6. 政府关系

有些组织完全依赖于它们得到政府批准的能力。他们需要与关键的政府部门保持高质量的关系，这决定和控制了企业的活动。如果你的企业是这种情况，在公司里最重要的人就是善于与政府官员约见并互动的人，他们保证了公司能够继续发展和营销它的产品。

例如，美国的制药公司完全依靠食品与药品管理局（FDA）的批准，去生产和配货。这个过程相当复杂，为了得到对一种药物的批准，要花8—10年的时间，大约10亿美元，再加上装满一整辆货运车的论文和文件。在公司里，有效谈判该程序的人对企业的成功至关重要，也就有高额的薪水。

无论你的企业环境是什么，在企业里冲到前方的最快通道之一，是让自己从事于对现金流重要和对企业成功关键的经营方面。你的工作是，首先干得出色，然后在那个方面成为不可或缺的人。你会惊异于你升职的速度将有多快，你的报酬将涨多高。

拥有专业化的知识

"知识就是力量。"在一个重要方面，专业化的知识或技能会提高你的晋升力。掌控重要的信息也是一种力量。

下面是一项法则：在你选择的工作中，学习你能学习的一切，但永远不要告诉所有人你知道什么。拥有的专业化的信息和知识越多，你就变得越有价值、越不可替代。这不是说你要隐瞒信息。你要大方地与需要与之合作的人分享。你分享的专业化知识越多，你就显得越聪明、越有价值。

与此同时，花时间在你的工作上，特别是你工作的专业化方面，成为极渊博的人。当需要的时候，拿出来分享这些信息。但如果没有被请求就不要公开。

你私人拥有的对公司成功的重要信息越多，你就对公司越重要。你对公司越重要，你的晋升就会越快，你的收入就会越多。

迅速行动，提高效率

在机会面前快速行动。迅速完成工作。让人们知道你的效率。

通过提高效率，你将增大可能性，被给予更多机会，担负更多的责任。当你对这些责任有种紧迫感，迅速、可靠地把它们完成时，你就将吸引能帮助你的人的注意。

今天，做事更快的人被认为比要花更多时间做完工作的人更聪明、更有能力。当机会敲门或任务需要时，迅速行动的能力将在你的领域内给你胜者的优势。

拓展人脉

在你的企业内外，不断拓展人脉。这可比你想象的更能帮助你，并为你敞开所有大门。在最近一次有关成功的比较研究中，研究者发现，快速晋升的经理与看上去晋升很慢的经理相比，与人交往的习惯是两个群体之间关键的不同因素。

研究的结论表明，有效的经理被定义为能完成工作的经理，但成功的经理却被定义为更经常得到提拔的人。在观察两组人的时间利用上，他们发现有效的经理，那些只完成工作的人，只把自己14％的时间花在人际关系上，与他们自己部门和公司内外的人交流。然而，成功的经理，那些迅速得到晋升的人，把他们54％的时间用在人际关系上。他们与自己产业内外的人同进早餐，他们与自己的企业人员和外部人员共进午餐，他们在晚上去赴商业约会。他们参加职业人员的社交，参加和组织研讨会。他们善于与自己企业内和其他企业的人友善交往。

1. 认识更多的人

因为这个人脉，他们认识了更多的人。经证明，你认识的人越多，或者以一种起促进作用的方式认识你的人越多，你就越容易在自己的职业中取得成功。

人们喜欢与他们认识的人做生意，喜欢雇用和提拔他们认识的人，喜欢推荐和引见他们认识的人。有时，一次引见或推荐可能会改变你职业生涯的整个方向。

2. 人脉战术

为了利用人脉战术，你的第一步是要加入职业社交圈。加入你的行业的商务委员会，加入你当地的企业联合会并参与其中。别只是付费和参加会议，要志愿为一个关键的委员会服务，寻找途径为这个组织做出贡献。让自己出现在成员名单和组织图表中。观察不同的委员会，以及那些委员会里的人。问你自己："在这个组织或社交圈中，哪个人对我最有帮助？"

无论何时，当委员会需要完成一件事时，举起你的手。通过主动做贡献，你就可以在一个无威胁的环境中让自己引起决策者的注意。正是这些人能帮助你，为你的将来打开大门。

3. 一个成功的公式

下面是我见过的有关成功的最佳公式。它很简单：$T \times R = P$。这个公式的意思是：天赋（talents）× 关系（relationship）= 生产力（productivity）。该公式预示和决定了你最终得到的报酬量，以及你将升至何位。

这个简单的公式解释了许多人的成功。当你把自己的天赋乘上自己的关系，或你认识的人数时，你的生产力、执行力、有效性、薪水就将提高。

你能遇见的人越多，乘以你的天赋，你就会越成功。你遇到和认识的人越多，遇到和认识你的人越多，你在正确的时间遇到和认识正确的人的概率就越大。这可以为你节省几年的辛苦工作。

你认识的人的质量和数量，以及以积极的方式认识你的人的质量和数量，将在很大程度上决定你在企业和生活中的成功。你的目标必须是通过你的职业，不断扩展你的人脉。

学会站着说话

在你的职业生涯中更快速地向前进的一个好办法是，学会怎样站着说话。这在企业中是最有价值和最受尊敬的本领之一。好消息是，这是可以练习的，多数今天能很好地站着说话的人，曾经都完全恐惧于做任何形式的演讲。但因为学会了如何去做，他们成了出色的演说家。

1. 加入演讲会

学会如何在众人面前站着说话的最佳方式是，加入 TI 国际演讲会 (Toastmasters Internationals)。演讲会由一位商人在1923年创立，他意识到许多商人想要和需要学会如何铿锵有力、信心满怀地在别人面前演说。

他发明了一种简单的程序，心理学家称为"系统脱敏法"。在这个过程中，你一遍一遍地重复一个行为，直到最终对这个行为脱敏。如果你每周反复练习，最终会丢掉自己对公开演讲的恐惧。这是 TI 国际演讲会的基本方法。

寻找离你近的演讲会名字和电话号码，然后打电话，安排参加一次约见。如果你享受这个会面的乐趣，也喜欢这个人，他们将鼓励你加入，开始每星期出席会议。在每次会议中，你将有一次机会站起来，与别人分享你的一些想法及观点。最终，你就能做到在众人面前讲话完全不害怕了。这个体验可能是一生的转变。

2. 严肃对待学习

当你学习站着说话时，阅读有关公开演讲的书，收看关于有效演讲的节目。记住，公开演讲是一门可以学习的技能。你练习得越多，你的恐惧就越少，你就更能胜任。

学习公开演讲还有一个额外的好处，那就是，如果你能做到在众人面前演讲，你就会在一对一的交谈中更自信、更有成效。成为一名公众演讲人会大大地提高你的效率，特别是在销售里。它也能增加你的收入。

3. 别让恐惧阻止你

如果你在见到陌生人时有些害羞或有些不安，下决心克服它。你越自信，你的人脉就会越宽。你遇见和接触的不同的人越多，你的生活就会被越快向前推进。

当你能不错地演讲的时候，你的听众实际上会认为你更聪明、更渊博、更有能力。学习在众人面前讲话的回报是巨大的。

成为最佳

我想再次强调，致力于成为最佳。下决心在你所做的事情上成为最好的，下决心进入你那个领域的前10%。**如果你没有足够喜爱你正在做的事情并想做到最好，那可能表明你正在一个错误的工作或错误的职业中。**

做正确工作的人会自觉地追求在那个领域内越做越好。他们迫切地阅读书籍、收看节目、上课。他们对更努力地工作、让自己更快地前进感到无比兴奋。如果你在现在的工作中没有经历过这种情感，这不代表你的工作有什么问题，它只是说明，你的特殊天赋及能力与你当前的位置不相配。它可能意味着你处在错误的工作或职业中。

1. 确定你的关键结果区

每项工作中都有"关键结果区"。为了做好你的工作，你要积极地得到这些结果。在销售、管理、商业中，每一个领域内都有基本的关键结果区。你的首要工作是明确你需要的最重要的结果，然后制订一份计划，要在这些区域成为最出色的人。

2. 你的"最慢的孩子"

下面是一项重要发现：你最弱的关键技能决定了工作中你的执行力和你的收入高度。在工作中，你可能在每一项关键结果区都很出色，除了一项。那个弱项区可能比其他任何因素都要更严重地影响你。

有时，我问我的听众："如果一群孩子去远足，哪个小家伙决定了整群孩子行走的速度？"没有太多犹豫，大家回答："那个最慢的孩子。"

你的"最慢的孩子"是你最弱的技能。这是决定在工作中你前进多快的技能。

找到你最弱的技能，提高你在这方面的能力将比你能做的任何事情对你的整个结果都产生更大的影响。你的工作是要明确这一技能区，通过你自己或与你的老板讨论，然后把自己全身心地投入学习和练习。

3. 掌握是关键

你最弱的技能通常是你不太喜欢做的。你觉得它不舒服。有时，你甚至讨厌它或害怕它。但记住这点：你对一项特别的技能感觉不舒服的唯一原因是，你还没有掌握它。在你感觉能胜任的任何方面，你都不会紧张或不安。

好消息是，所有的商业技能都是可以学习的。为了在你的职业中更快速进步，无论你需要学习何种商业技能，对你来说，获得它都是可能的。把它定为一个目标，制订一份计划，每天进步一点。一周、一个月、一年内，你回头就会惊讶于自己的改变。这时，你对这个任务区的恐惧和不安都会消失，你的职业将会步入快车道。

下面是成为卓越的最后一点。你只差一项技能就可以把你的生产力、执行力、产量和收入翻倍。通过学习另一项关键技能，加上你现有的技能基础，你就能比过去更上一层楼。别让自己因为还未获得某项可以学会的技能而被阻挡了脚步。

养成好的工作习惯

成为优秀的时间管理者并养成有生产力的工作习惯是十分重要的。

在生活中，你总会因你的贡献得到回报。你将总是并且只是因为你得到的结果而取得报酬，而不是你投入的时间。

对贡献的关注是个人效率的标志。不断问自己："我受雇以来完成了什么事情？我期待的结果是什么？"

1. 你，并且只有你？

下面是最重要的问题："我，只有我可以做什么，如果做好了，能对我的公司产生真正的影响？"你对这个问题的回答至关重要。通过提出和回答这个问题，你就能一直专注于你的关键结果区。

在职场中，大部分人都不是优秀的时间管理者。根据罗恒致富（Robert Half International）的调查，普通的雇员只利用了50%或更少的工作时间。人们平均把他们37%的时间用在与同事的无聊闲侃中。他们把另外13%的时间浪费在晚来、早走、延长中间休息和午餐时间、看手机、喝咖啡等。

实际上，在他们用来工作的那50%的时间里，他们倾向于在自己时常无法胜任的低优先级的任务上工作。他们推迟、延期，然后抱怨被工作压倒了。

2. 别浪费时间

为了驶入职业生涯的快车道，就别浪费时间。相反，想象你因为抓紧时间工作而每小时都有可观的报酬进账，想象你随时都在被支付你工钱的人观察，确保你在为他工作，想象你要为每一个小时挣到你的"小时率"。在你所有的工作时间内工作。

你工作得越多，你完成得就越多。你完成得越多，你的感觉就越好。完成任务的行为释放了你大脑中的内啡肽，给你快乐感、满足感和安宁感。这些内啡肽刺激和激励你去做更多更重要的工作。成为一个努力工作、完成重要任务者的最大回报是，你开始真实地对自己、对你的工作和你的生活感到快乐。

形成一个能量源

从今天开始在你的公司和团队内建起一个能量源。你感知的能量越多，为你敞开的大门就越多，你的机会就越多。

在任何组织中，能量有三种基本形式，它们是个人能量、专业能量和职位能量。

1. 个人能量

个人能量是指你与别人融洽相处、受欢迎、被你的同事所喜爱的能力。因为你努力与他们融洽相处，他们喜欢和享受与你在一起，他们就会更看重你，赞赏你的想法和观点。他们把你的品质归结为能胜任、有能力、有效率。因为喜欢你，人们实际上就会支持你，帮助你做得更出色。

2. 专业能量

通过专长于你的工作，以出色的方式完成你的任务而拥有专业能量。你的专业素养越高，就会有越多的人尊重你、赞赏你。你越擅长你的工作，你就越会引起关键人物的注意，他们会提升你，并给你更多的报酬。如果你想在你的工作生涯过程中致富，那么专业级技能的拥有就是最基本的。金钱会随着出色的能力滚滚而来。

3. 职位能量

职位能量要与头衔和级别相对。如果你在公司有一个特殊的位置，这就给你雇用和解雇、奖励和惩罚、做决策以及决定事件结果的权威。当你得到了职位能量，并以出色的方式完成你的工作，金钱、奖励和机会就会迅速跟上。

4. 能量积累的过程

上述每一种能量形式对你长期的成功和踏上你自己的致富之路都是基本的。首先，你作为一名团队成员形成你的个人能量。你工作努力，与他人愉快相处，让人们喜欢你，感觉与你在一起很舒服。

与此同时，为了绝对出色地完成工作，你阅读、学习和上课。通过做好你的工作，你就拥有了专业能量。因为有了个人能量和专业能量，你将几乎被自动赋予职位能量，你可以凭此迅速地在团队内得到提升。

5. 互惠法则

或许人类关系中最有力的原则是互惠法则。这条法则是说，每个人都有一个很深的潜意识，希望得到互惠，从他们为之做过某些事情的人那里得到回报。

互惠法则认为，人们愿意帮你实现你的目标的程度取决于你帮助他们实现他们目标的程度。这就是为什么你在人际关系中要实践这条黄金法则：**己欲利而利人，己欲达而达人。**

在你所有的工作活动中，不断地寻找办法为能帮助你的人服务，提前帮助他们，这样做也会协助你自己的成功。

6. 列出能帮助你的人名单

下面是一项简单的技术。列出你想认识的所有能帮助你的人的名单。在他们的名字下面，写出你认为自己可以以某种方式帮助他们做什么。你能为他们进行哪类帮助？列出这个名单，然后开始实施你的"播种与收获"战略。

这是既自私又无私的战术。它的无私在于，你在他们帮助你之前寻找途径帮了他们。记住，无论你何时在没有指望回报的情况下为别人做了好事，回报就会以最意外的方式走来。

问其他人："我能为你做些什么吗？"不断找办法在别人的工作和生活中帮助他们。在收获之前播种，在产出之前投入。把播种感激的种子养成习惯，迟早，你将收获感激。

保卫你的正直

在奋斗的同时，要保持无瑕疵的正直。就像爱默生写的："像神圣的事情一样保卫你的正直；除了你自己灵魂的正直外，其他都是其次。"

在成功者和领导者的特质中，正直或许是最重要的品质。首先，**信任是所有关系的基础**。信任是你在工作中与同事和上级之间的基础关系，信任是你与家人的基础关系，信任是你与朋友、银行家、供应商、客户、下属等人的基础关系。

信任是胶水，把所有关系粘在一起。但信任也是十分脆弱的，它源于你肯定、可靠、一贯以及可预见的诚实。建立信任的关键是要值得信任。人们必须在他们的心里知道，他们可以完全相信你是守信的。

1. 信任你自己

形成与别人信任关系的关键是要信任你自己。信任自己的关键是要对自己真实，在所有事情上，无论大事小情。

莎士比亚曾写道："对你自己要真实，然后必须遵循，日日夜夜，你不可以对任何人虚伪。"

真实地对自己意味着真实地对待你的内心。它意味着守信。建立信任要求你要一直信守你的诺言。信任意味着当你说你愿意的时候，你要去做你说过自己要做的事情，无论你的感觉是好是坏。

据说，一个人的语言力量是由他花钱去实现诺言来衡量的。言语是廉价的。只有当你要以行动和财产支持你的语言时，你才能向自己、向别人证明你的言语真正价值几何。

2. 实践普适原则

与你内心最深处的价值和信念保持一致，过自己的生活。哲人康德写过实践普适原则："过你的生活，就像你的每一个行动都将成为宇宙的法则。"

其实人际关系和社会所有问题的存在都是因为人们不向自己提这个问题。他们习惯性地从事一些行为，如果每个人都从事那些行为，就会引发社会的坍塌。为了保证你在生活的快速路上，你要向自己提出四个问题：

1. 你的世界。首先问自己："如果身处其中的每个人像我一样，那么我的世界会是怎样一个世界？"

如果每个人都在与你一样的世界中生活，那么这个世界会是什么样子？如果每个人都以与你一样的方式对待别人，对待他们工作和家庭的责任，那么这个世界会是什么样子？如果你很诚实，那你或许将承认，有些方面你需要改进。

2. 你的国家。问自己："如果身处其中的每个人像我一样，那么我的国家会是怎样一个国度？"

如果这个国家的每一个人在文明和社会责任方面都像你那样作为，遵守法律、工作和投资、支付账单，这会不会是一个更好的国家呢？如果你很诚实，就会承认，有些方面你需要改进。

3. 你的公司。你要问自己的第三个问题是："如果身处其中的每个人像我一样，那么我的公司会是怎样一个企业？"

如果你公司里的每个人都像你每天那样来上班、做他们的工作、对待别人，那么这会不会是一家更好的公司呢？如果你提出这个问题并且诚实地回答，或许你将发现一些你可以改进的方面。下决心从今天起成为一个好的榜样。

4. 你的家庭。最后问自己："如果身处其中的每个人像我一样，那么我的家庭会是怎样一个家庭呢？"

如果你家里的每一个人都像你做的那样，你的家庭会是一个美好、温馨、友爱、安全的生活和成长之地吗？在对待家庭成员，改善和提高你的家庭生活质量方面，有你需要改善的地方吗？

如果经常提出这些问题，并把它们作为行为举止的标准，你就会发现你的整个生活质量都在提高。你不仅将行进在职业的快车道上，你还将开始成为一个优秀的人。

3. 诚实是最好的战术

所有优秀的领导者都曾经是优秀的追随者。他们成为领导是因为别人想让他们到领导的位置上。我们在领导中寻找的主要品质是诚实、有能力、正直。当你通过成为一个完全诚实的人而拥有了正直，通过在你的工作中干得出色而拥有了能力，每一扇门都将为你打开。

关注未来

成功的一个法则是，你来自哪里并不重要，重要的是你将去向哪里。几乎每个人都会有不安的感觉，觉得自己过去浪费了大量的时间和机会。如果能再做一次，他们会有所不同。可惜的是，许多人都把这些遗憾的感觉作为刹车，阻碍了自己生活的脚步。不是重新把自己投入接下来的激动人心的岁月中，他们反而让自己被过去已经犯下的错误压倒。别让这种情况发生在你身上。

要考虑未来，即你要去向何方。为了创建你为自己想象的那种未来，思考你现在能够做什么。学习你能从过去的错误中学到的，并且忘掉其他。你的决心是要以未来为向导，这会给你能量与热情。

从脚下开始

事实是，就像其他富豪一样，你也能变得富有。你可以从脚下开始，现在，凭自己去努力。

你可以开始节省10%的收入，控制你的生活费用，偿还你的债务。你可以把你的全部心血投入现在所做的事情之中。你可以致力于在你选择的领域中干得出色。你可以下决心每天多工作一小时。为了实现你的梦想，你可以把自己投入任何努力、任何牺牲中。

研习其他在你之前致富的人所做的事情，然后致力于做同样的事，一遍又一遍，直到得到相同的成果。

一个在群居家庭里靠修理家具维生的智力障碍男孩每月节省100美元都能成为百万富翁，那你一定也行，如果没有更好，至少也一样。但你必须从脚下起步。

形成一种繁荣的意识

对你而言，所有财务成功的起点是，形成一种繁荣的意识。把你自己想成是一个未来的富人，进行一项正在运转中的工作。

一遍一遍地重写你的目标。做出详细的行动计划，每天按计划工作。把自己设想成已经获得巨大的成功，看见自己、感觉自己正在体验巨大成就带来的喜悦与欢乐。

你的外部生活是你内心生活的反映。你在现实中经历的，是你的信仰与内心深处想法的外部表达。除你自己的思维之外，没有对于成功的真正阻碍。**所有成就的障碍只以恐惧和无知的形式存于你的内心。**你可以逾越这些障碍，通过现在、今天、这一分钟决定对你的生活做出奇妙的想象。

成为一个无极限的人

我写的这些只是一篇论文，到此为止了。通过开始努力工作，你就会在后面享受到更大的回报。当你开始实践这本书里的一些观点时，你就开动了自己，像一枚火箭，冲向财务的自由。你将最终成为团队内最重要的人物之一。你将拥有房子、汽车、生活方式、银行存款、内心的满足、骄傲以及伴随伟大成功的自尊。

这全部取决于你。开始向前，不断向前，永不放弃。你能做到！

行动练习 -

1. 明确你想要什么！列个清单，包含你想在接下来的12个月里实现的10个目标。在这些目标中哪一个对你的生活有最大的积极影响？把它写在单独一张纸的顶端。

2. 为你的目标设定截止日以及一个副截止期。把一个具体的日期作为在你的潜意识中的"强力系统"。

3. 找出你自己和目标之间的所有障碍。为什么你还没有实现目标？选出最大的那个障碍，在做其他任何事情之前集中精力把它搬走。

4. 确定为了实现最大的目标，你还需要的知识和技能。制订一份计划去获得它们，今天就开始。

5. 确定为了实现你的目标，你将需要合作和帮助的人物、群体、组织。定下你要为了他们的利益提供什么，先把这些给他们。

6. 制订一个要完成的详细计划，通过优先次序（你做其他事情之前要做的）组织起来。立刻按你的计划采取行动。

7. 每天为推动你向实现自己最重要的目标去做一些事情。无论发生什么，永不放弃，坚持不懈，直到成功。

"这个世界上没有什么可以取代坚持不懈。天赋不会，没有什么比具有天赋而不成功的人更普遍的了。天才不会，没有收获的天才就只是一条谚语。教育不会，这个世界充满了受过教育的被遗弃者。坚持不懈与坚强的意志才是无所不能的。"

——卡尔文·柯立芝